大展好書　好書大展
品嘗好書　冠群可期

大展好書　好書大展
品嘗好書　冠群可期

徐震文叢：2

太極拳譜箋
太極拳發微
太極拳新論

徐震 著

大展出版社有限公司

目錄

太極拳譜箋 …… 七
導讀 …… 九
山右王宗岳《太極拳論》 …… 一三
十三勢 …… 三〇
十三勢行工歌訣 …… 三二
打手要言 …… 四〇
打手歌 …… 四三

太極拳發微……四七
序……四九
上篇……五一
總詮第一……五二
時中第二……五四
因應第三……五五
德藝第四……五六
功用第五……五八

下　篇……五九

技詮第六……六〇
明習第七……六二
練體第八……六四
練用第九……六六
境詣第十……六九
伏氣第十一……七三
養生第十二……七五
序志第十三……七七
後記……七九

太極拳新論

太極拳新論……八一
序……八三
導讀……八五
流別論……八九
原理論……一〇〇
練法論……一一二
正名論……一三四
決疑論……一四二

太極拳

譜箋

導讀

學習太極拳必須掌握它的理論，看懂拳譜是掌握理論的第一步。在正確的理論指導下堅持鍛鍊才能逐步把太極功夫練上身。徐先生的《太極拳譜箋》於一九四一年八月撰成，一九四三年訂正謄清。這時他練拳已二十多年，對拳譜的理解非常深刻，功夫也達到「神明」的程度。

現在先看他是怎樣注釋《太極拳論》的。王宗岳的這篇近三百六十字的《拳論》緊扣主題，層次分明，組織嚴密，文筆精練而有文采。徐先生把它分為八節來注釋：

第一節是太極者，無極而生，陰陽之母也。這一節是全篇的主題。太極拳之名來自周敦頤的「無極而太極」（見《周子全書》）。太極拳功夫

達到最高境界時能常定常應。常定為寂然不動（無極），常應為感而遂通（太極）。應生於定，感生於寂，所以說「無極而生」。徐先生接著引用了《易經》的「一陰一陽之謂道」，就是說，世界上一切事物都是相反相成的（對立統一規律）。太極拳的練法是開合、蓄發互為因果。它的用法是順逆、走粘同時進行，這都是相反相成的規律，所以說太極是「陰陽之母」。

以後各節都是環繞這個主題深入分析的：第二節是太極拳運用的綱領，第三節是功夫的進程，第四節說練法和功效，第五節說明太極拳的特長。

第六節說明學習太極拳的得失。這一節開頭幾句是：「立如秤準，活似車輪；偏沉則隨，雙重則滯。」徐先生認為，能夠保持「立如秤準」的平衡力，才能全身處處圜轉，與外力接觸時才可以順勢滑過而不受其力，這就是「活如車輪」的意思。又圜轉之法，大圈之中更包小圈。我和徐先生推手時，親身感受到他這種大圈之中有小圈的複合的轉法。「立如秤準，活似車輪」是一切勢法的基礎，有此基礎才能隨而不滯。所謂「隨」，就是兩足要分清虛實，使重心常在一足之內。因為支身只著力於一足，所以叫「偏沉」。因為身體各部可任意而動，所以叫「隨」。若他力來時與之抵觸，則與左重左虛、右重右杳之義不合，這就是雙重。犯雙重者必顯其力之方向而易為人所乘，常常來不及變轉，所以說「雙重則滯」。我參看了近年來出版的太極拳書，知道武派的李迪生、羅基宏，楊派的趙斌，吳派的祝大彤，對「雙重」的看法都與徐先生的見解不謀而合。

第七節說明取徑高則病去而技日進。第八節是結論，強調練太極拳推手要「捨己從人」，就是說順應對方的勁路，求其至切至近的運用。

徐先生的注釋非常精闢，有助於學習者認識《太極拳論》豐富的內涵，提高他們的悟性。

徐先生接著注釋《十三勢》、《十三勢行工歌訣》、《打手要言》、《打手歌》，他的注釋也都非常精闢，對學習者理解這些篇目很有幫助。《太極拳譜》的前半部（即《太極拳論》的注釋）曾在《上海武術》（內部刊物）一九九六年第二期上發表，作了少量注釋。這次全部由山西科技出版社出版，注釋增加了三倍，並加上了標點。限於水準，欠妥之處敬請讀者指正。

《太極拳譜箋》和《太極拳發微》的初稿都是一九四一年八月六日完成的。前者解釋前人的太極拳理論，後者則在前人理論的基礎上提出自己的看法。讀懂了前者有助於學習者讀懂後者。因此把這兩篇合成一冊出版。

林子清

二〇〇五年三月於上海

山右王宗岳《太極拳論》

王宗岳所編《太極拳譜》，自武禹襄得諸舞陽鹽店，復加解說，楊露禪亦承用之。然傳者於原譜舊文與武氏解說莫能識別；予既詳考端末，辨而析之，遂就原譜為之箋釋。學者已明原譜之義，於武氏之言自能領會。故僅釋原譜，不釋武說。至若「掤」應作「弸」，「攦」當作「摟」，若此之類，《新論[1]・正名篇》既言之矣，今悉加刊正，故異於他本，學者可無疑焉。

王宗岳，清乾隆時人，所著尚有《陰符槍譜》。

據佚名氏《陰符槍譜序》云：山右王先生，自少時經史而外，黃帝老子之書，及兵家言，無書不讀，而兼通擊刺之術，槍法其尤精者也。蓋先生深觀於盈虛消息之機，熟悉於止齊步伐之節，簡練揣摩，自成一家，名

曰陰符槍。

觀此則王宗岳之為人，可以得其崖略矣。陰符槍既為王氏所造，則太極拳疑亦王氏所造也。特尚無顯證，未可遽爾論定，撰《陰符槍譜》之王先生，即王宗岳也。說詳《太極拳考信錄》。

此論可分八節❷，箋釋如次：

❶《新論》：徐先生所著的《太極拳新論》的簡稱，全書共五篇，《正名論》是其中一篇。

❷為清楚起見，注釋者在每節前加上一個數字。

1. 太極者，無極而生，陰陽之母也。

此節明太極取名之義，亦為總攝體用之言。

《易》云太極生兩儀。

朱子[3]《周易本義》云：「兩儀者，始為一畫，以分陰陽。」

周子[4]曰：「無極而太極。」拳名太極，義蓋取諸此也。太極拳造乎最高之境為能常定常應。常定為寂然不動，常應為感而遂通。寂然不動無極也，感而遂通太極也。應生於定，感生於寂，故曰「無極而生」。

《易》云：「一陰一陽之謂道。」[5]謂夫一切事物皆相反相濟也。太極拳練法在開合蓄發互為根紐[6]，用法在順逆走黏一時俱運，皆相反相濟之道，故曰「陰陽之母」。此二句攝盡體用，實為全文之宗本義。

---

❸ 朱子：指朱熹（一一三〇—一二〇〇），南宋哲學家、教育家。著作有《四書章句集注》、《周易本義》等。

❹ 周子：指周敦頤（一〇一七—一〇七三），北宋哲學家。著作有《太極圖說》、《通書》等，後人編為《周子全書》。

❺ 一陰一陽之謂道：見《易經・繫辭上》第五節。這句話的意思是：對立統一是宇宙的根本規律，一切事物都是相反相成的。

❻根紐：「根」的意思是植物的根，引申為「根源」。「紐」的意思是：瓜果等剛結成的果實。「根紐」的意思就是「因果」。

2. 動之則分，靜之則合，無過不及，隨屈就伸。人剛我柔謂之走，我順人背謂之黏；動急則急應，動緩則緩隨。雖變化萬端，而理唯一貫。

此節言太極拳運用之綱領。

動靜在心，分合在形。心能宰制其形，則一心主政，百骸從令，作止發蓄，無不如志，故曰「動之則分，靜之則合」也。

「無過不及」，謂應合他力須時間與方向兩皆適當：時間則不後不先，正當他力將發未發之際；方向則不即不離，正切他力難轉難化，不可抗拒之處。

「隨屈就伸」，謂應合他力貴能因勢乘便，不與牴牾❼，則他力皆為我用矣。此一節中以此四句為主。

「走」謂避彼來力，「黏」謂隨彼來力。彼力雖強，我以運轉靈敏，即可不受其力，是為用柔。然必自處於順，乃能運轉靈敏，故柔與順常相合也。若肌腱未能練柔，舉止未能練順，他力雖背，我亦無由制之，以我亦不能得勢得力，即不能利用機會也。

「動急急應，動緩緩隨」，謂時間須求適合，若必以急為善，則有先自見其形勢之失。若必以緩為善，又將失之遲鈍，故不可自用，惟當因彼。此四句申明上四句之義。

「雖變化萬端，而理唯一貫」，謂法無固定，理有要歸，此二句總束本節。

❼「牴牾」的意思是「抵觸」。

3. 由著熟而漸悟懂勁，由懂勁而階及神明，然非用力之久，不能豁然貫通焉。

此節言功夫之進程。

「著熟」為初步功夫，不過求熟於法而已。所謂法者，在本身為各部骨節筋腱之動作能互相協調；在對角為於彼來力之線路能確實辨認。所以在此一步中，可謂重在應用力學之練習。

「懂勁」為第二步功夫，由法之運用漸熟至於習慣如自然，使思慮變成本能。在本身為由各部內外肌之調適進於形氣之調適；在對角為於來勁之線路無須著意辨認，肌膚自有感覺，身體各部反射之機能，極為靈敏，所以在此一步中可謂重在神經反射之練習。

「神明」為第三步功夫，功夫至此惟在調伏其心，養成定力，則精神可以控制外物，而他力無異我力；所以到此步功夫，全重精神修養。三步功夫，每一步中尚有若干節序，然未易細分，且各人之過程不同，故亦無從詳分。

至於練成之時間，初步功夫若能不謬蹊徑，速者年餘，遲亦不過兩載。然自初步進入第二步，時之久暫即已難定。自第二步進入第三步，亦復難言。要能持之有恆，精進不懈，親近良師益友，常相講肄❽，則功至自悟，故曰非用力之久，不能豁然貫通。

❽「講肄」的意思是「講解學習」。

4. 虛領頂勁，氣沉丹田，不偏不倚，忽隱忽現；左重則左虛，右重則右杳；仰之則彌高，俯之則彌深；進之則愈長，退之則愈促；一羽不能加，蠅蟲不能落；人不知我，我獨知人；英雄所向無敵，蓋皆由此而及也。

此節言練法及功效。

「虛領頂勁」至「不偏不倚」專就演架而言。「忽隱忽現」一句兼具演架打手之法。自「左重則左虛」至「我獨知人」專就打手而言。「英雄」二句言功效也。

「虛領頂勁」者，自外形言，頭容端正，若以頂勁領起全身；由內心言，寂然若合體於虛無，而腦間常自朗爽；故「虛領頂勁」實兼內外而言。若但說外形，則虛義不明；若專說內心，則頂勁何指？故當內外兼及，義乃滿足也。

「氣沉丹田」為伏氣[9]之功。丹田為臍下少腹[10]，意繫於此漸加攝斂，將覺如有孔穴，為呼吸之根。息之出入，乃極深細，至於安勻調暢，舉體自爾和順，運用自能隨意，乃至不覺有孔穴，不覺有氣相。此須體驗方知，非可憑臆測度也。

「不偏不倚」，即為中正，乃專就外形言也。

外形欲其中正，當謹守身法十目。身法十目即武禹襄所標提頂、吊襠、裹襠、護肫、含胸、拔背、鬆肩、沉肘、騰挪、閃戰是也。此十目能練至悉當，即為合度。

統觀此三句，虛領頂勁與氣沉丹田皆以不偏不倚為基本功夫。

太極拳練法不離演架打手，於演架中用輕清閃倏之勁，是為練本身之忽隱忽現；於打手時使突變猝發之勁，是為練應敵之忽隱忽現。

自「左重則左虛」至「退之則愈促」，此乃練走練黏之法，其要訣總歸不與彼力相犯而因勢利用之耳。至於一羽不加，蠅蟲不落，則皮膚感覺之敏、全身運用之靈可知矣。

故人不知我之動靜，我獨知人之虛實。人不知我則能出其不意，我獨知人則能攻其無備；依此練法，施諸弁搏⓫，自有奇效，故曰「英雄所向無敵，蓋皆由此而乃也。」

---

❾「伏氣」就是「服氣」。原為我國古代一種呼吸養氣的方法。

⑩「少腹」就是「小腹」。

⑪「弁博」的意思是「用手搏鬥」。

5. 斯技旁門甚多，雖勢有區別，概不外壯欺弱、慢讓快耳。有力打無力，手慢讓手快，是皆先天自然之能，非關學力而有也。察四兩撥千斤之句，顯非力勝；觀耄耋禦眾之形，快何能為。

此節明太極拳之特長。

「斯技旁門甚多」四句，謂太極以外之各派拳術皆形式有殊耳。據實論之，無非恃先天之力與捷，其不合正法一也。震[12]謂太極獨到之處在超越形骸之作用而練成心神之定力。故功夫不隨血氣之盛衰為進退。

太極而外各派拳技雖有具高美之理法者，然皆不免隨年事為盛衰。如摔跤之術，非無巧法，年逾五十，功夫即不免衰退。惟太極拳功夫可以至老不退。此亦其獨到之處也。

「有力打無力」四句，明太極之妙在不恃本然之力與捷而能由學以成智勇。然太極之外各家拳術亦有具高美之理法者。謂其未若太極之深妙則可，直謂皆是先天自然之能，非關學力而有，未免抹殺太甚。

「察四兩撥千斤之句」四句，謂太極拳家不取力與捷。其實何嘗不取力與捷。特其力與捷皆由鍛鍊而得，非先天本具者耳。太極拳所用之力，粗者為肢體連貫動作之合力，精者為意氣一致之剛勁。太極所用之捷，粗者在肢體之能調與時方[13]之有準，精者在感覺之敏、心神之定。故其力不爭強，捷不爭先，惟在當機赴節[14]（當機則能後發先至）。故有四兩撥千斤、耄耋能禦眾之效。

---

[12] 震：徐先生名震，字哲東。

⓭ 時方：時間與方向。

⓮「赴節」的意思是「恰到好處」。

6. 立如秤準，活似車輪；偏沉則隨，雙重則滯。每見數年純功，不能運化者，率皆自為人制，雙重之病未悟耳。

此節言太極拳之得失。

「立如秤準」四句，上二句言勢法之本，下二句言得失之由。秤之為物能權輕重而得其平。人能將重心位置得當，則雖在變動之中，全身之力仍得平衡。就其姿勢言之，則有立如秤準之象。若能養成此種功夫，則作止變轉之時，自爾穩定便捷。已能保持此種平衡力，方可練全身處處圜轉；能全身處處圜轉，則與外力接觸時可以順勢滑過，故能不受他力，此即活如車輪之義。

又圓轉之法，大圈之中更包小圈。此種複合之轉法，最能利用他力之來勢而變更其方向。故立如秤準，活如車輪，乃一切勢法之基礎。有此基礎乃可隨而不滯。

所謂隨者，須將兩足分清虛實，使重心常在一足之內。作止變轉，常將兩足交互相代，以隻其身；則重心不致提高，動中依然穩定，動時仍可發勁，此所謂偏沉則隨也。以支身只著力於一足，故曰偏沉；以身體各部可任意而動，故曰隨也。

輕靈之功果造其極，絲毫不受他力。所謂一羽不能加，蠅蟲不能落，此二語最為善於形容。若他力來時猶有與之牴牾之意，則與左重左虛、右重右杳之義不合。如是則犯雙重之失。犯雙重者，必顯其力之方向，方向既顯為人所乘，每至不及變轉，故曰雙重則滯也。

「每見數年純功」四句，即專言雙重之失。大抵犯雙重之失者，多由步法虛實不清所致。

所以者何，緣動步之時不能圓轉自如，遇有他力突然而至，乃不得不與抵拒，即成雙重之病。論中以偏沉與雙重對舉，意在是也。

7. 欲避此病，須知陰陽，黏即是走，走即是黏，陽不離陰，陰不離陽，陰陽相濟，方為懂勁。懂勁後愈練愈精，默識揣摩，漸至從心所欲。

此節言取徑高則病去而技日進。

陰、陽、走、黏之義已見上文。

「黏即是走，走即是黏，陽不離陰，陰不離陽」者，以本身言，則一時能為複合之動、錯綜之運是也。以應敵言，攻守俱時[15]而有取勢，相反相濟是也。

舉例明之：

如推手之時，彼力前擠，我須一時將身向後向側向下作按勢而不著力，足反陰自下進，並於此時將我欲發勁之方向取準。及彼勢已窮而將回，我乃隨其回勢而發勁下按。此即一勢之中含複合之動、錯綜之運也。至於當彼擠進之時我以避讓為蓄勢，故守即同時為攻，相反適以相濟。此陽不離陰、陰不離陽也。然此乃就顯見之法式言耳，故為粗淺之動作。

功力既深，動作造微。雖有複合錯綜之實，一泯攻守避就之跡，則亦非言語所能達而當徵諸體驗矣。陰陽相濟，總括上四句而言。果能臻此境地，自能知己知彼，是以謂之懂勁。由是愈練愈精，直可視他力如己力，是為從心所欲。自懂勁以後全是內省功夫，非復求諸外形所能到，故以默識揣摩示用功之途徑。

⑮「俱時」的意思是「同時」。

8. 本是捨己從人，多誤捨近求遠；所謂差之毫釐，謬以千里，學者不可不詳辨焉。是為論。

此節明太極拳功夫之歸究也。

「捨己從人」，「捨近求遠」，應作四種料簡[16]：

一為既不捨己從人，又復捨近求遠。世俗拳師但練花拳，或專練硬功，不識門徑，不通理法，大都如此，此最下也。

二為雖知捨己從人，未免捨近求遠，習太極拳功力淺者，易犯此失。

三為不能捨己從人，尚非捨近求遠，內功之粗者，外功之精者，往往如此。其用法未嘗不簡捷，特非變化圓融，隨觸即轉，未免有起有落。雖就勢法言已不見捨近求遠之失，究極論之，尚未盡切近之能事也。

四為太極拳功夫之歸究，必於捨己從人之中，求其至切至近之運用。所爭只在毫釐，功夫若此，方為造微[17]也。

故結語云：「差之毫釐，謬以千里。」意謂太極拳之所以夐絕[18]，正以有此精微之境。不到此境，不足以識其特異。學者於此小有差忒[19]，即不得太極拳之真諦，故辨之不可不審[20]也。

統觀此論，足見太極拳之真諦，惟在輕靈。今之習此拳者多矣，而於此論略不措意。徒憑訛傳，以為得真，遂使輕靈反成拙滯，久練竟無功效，豈不惑[21]哉。

---

⑯「料簡」作「整理」、「分類」解。

⑰「造微」的意思是「達到微妙的地步」。

⑱「夐絕」的意思是「卓絕」。夐，音ㄒㄩㄥˋ，通「迥」。形容差別很大。

⑲「差忒」的意思是「差誤」。

⑳「審」的意思是「細緻」。

㉑「惑」的意思是「迷亂」、「煩惱」。

十三勢

十三勢者，掤摟擠按採挒肘靠進退顧盼定也。

十三勢可析為四分：前之八勢為手法，進退為步法，顧盼為眼法兼身法，定之一字兼攝身法心法[1]。十三勢中，以定為宗。各勢運用之勝劣，皆準定功為判。茲釋各字之意如下：

掤為激出，摟為持掣[2]，擠為迫進，按為抑壓，採為接取，挒為轉折，肘為肘擊，靠為肩撞，進為上步，退為撤步，顧為左旋而左視，盼為右旋而右視，定為處身中正，心靜神凝[3]。凡角技或應敵，上下肢與身軀眼目須互相應合，而運用之妙，存乎一心。心定則時之緩急，方之避就，無不精確。

❶兼攝身法心法：同時表示身法和心法。指對身體和精神的要求。就身體言，立身要穩定，要符合提頂、吊襠等十條身法要求。就精神言，心神要安定安靜，思想要集中。

❷「持掣」的意思是「用手握住拉」。掣音ㄔㄜˋ，作「牽引」、「拉」解。

❸心靜神凝：參看李亦畬《五字訣》中的心靜、神聚。

十三勢行工歌訣

十三總勢莫輕視，命意源頭在腰隙。

十三勢雖多言用，而定之一字，亦攝心法，乃太極之體。故十三勢實賅括❶體用，稱為總勢者以此。

「命意源頭在腰隙」一語，實為太極拳全部工夫之關鍵。蓋論練形，必腰部靈活，而後上下肢及身軀之運轉能貫通而互應。論伏氣，必先求腰肌之張弛與胸肌之伸縮能相諧和，而後膈膜之升降與肺臟之舒斂能相調適。故「命意源頭在腰隙」一語，不可輕忽看過。

❶ 賅括：即包括。賅音ㄍㄞ。

變轉虛實須留意，氣遍身軀不稍癡。

此言演架時須留意於各勢之變轉虛實。若能和順，即無牽掣不靈之象。癡者，不靈之謂也。氣遍身軀，須是清虛之氣，不可著相。癡，他本或作滯，於義亦通。

靜中觸動動猶靜，因敵變化是神奇。

此言應敵之時，能定乃能善因❷。動靜相濟而成和❸。則動亦定，靜亦定矣。故曰靜中觸動動猶靜。心定於內，乘物於外❹，因其固然，從而利用之。則彼力皆為我用，故曰「因敵變化是神奇」。

❷善因：善於根據對方勁路的變化而變化。「因」作「憑藉」、「根據」解。

❸ 動靜相濟而成和：動靜互相助成，達到和諧的境地。

❹ 乘物於外：利用對方的勁路。「乘」作「利用」解。

勢勢存心揆用意，得來不覺費工夫。

驗之於打手，察之於演架，是為「勢勢存心揆用意」。太極拳法必依理察驗，乃可事半功倍，非如其他拳術須費力苦練。故曰「得來不覺費工夫」。

刻刻留意在腰間，腹內鬆淨氣騰然。

此處明示練腰與伏氣之關係。功至伏氣，則外形已臻和順，身法不待留意而自合。獨於腰間，猶當刻刻留心，然後能調息歸根也。調息歸根，非閉氣也。若閉氣則腹內不能鬆淨矣。氣騰然者，竟體虛靈之謂，非全身血氣沸騰之象也，須善辨。

尾閭中正神貫頂，滿身輕利頂頭懸。

此二句即《太極拳論》中「虛領頂勁，氣沉丹田」之意，釋已見前。又「尾閭中正」與「頂頭懸」連言者，以身法之中正，端在頂門與會陰相對相當。平時正立，固須如此。即在俯仰磬折❺之際，亦須如此，方可合於時中❻也。又於「滿身輕利」四字，可證騰然之氣，惟是竟體清虛，略不著氣相也。

武禹襄云：「全身意在精神，不在氣，在氣則滯」，亦是此意。

❺ 磬折：彎腰如磬。磬是古代一種打擊樂器，形狀像是一個人彎腰俯伏在地面上。

❻時中：每時每刻都要保持身法中正。

仔細留心向推求，屈伸開合聽自由。

言工夫益邃密，則動止變轉，可惟意所欲。

入門引路須口授，工用無息法自休。

一切理法雖可由文字中求之，而學習拳架與推手非師授不能明。若得真傳，不謬蹊徑，則探索舊說，久練亦可有會，故曰「入門引路須口授，工用無息法自休。」休者，美也。

入門引路大都須年餘，竟功至速，亦須歷五六月。否則，為正為訛莫為印定❼，即難免乖舛❽也（已通門徑者自不在此限）。

❼莫為印定：不能肯定。

❽乖舛：「乖」作「不和」解；「舛」ㄔㄨㄢˇ作「彼此相違」解。「乖舛」就是「不和諧」、「不正確」的意思。

若言體用何為準，意氣君來骨肉臣。

以十三勢言，中定為體，餘十二字為用。然必練至心能主其形骸，而後體用盡彰。故言體用之準則，以意氣為主。以意氣定，則心君❾亦定也。

❾心君：古人認為心是五官百骸之主，所以稱心為心君。在這裏「心君」指的是「精神」。

詳推用意終何在，益壽延年不老春。

太極拳之用，不專在弁搏，亦兼導引養形⑩之術。觀其功主柔和，雖勞不極，實有得於導引之精義。以中心靜定為歸究，尤合於養生之道。

⑩養形：保養形體。古人有「導氣養形」的說法。

歌兮歌兮百四十，字字真切義無疑。
若不向此推求去，枉費工夫遺嘆惜。

此詔示學者須認明途徑也。不由此途，終非最上妙法，故不免枉費工夫之歎。世有不求理解，惟事苦練者，見太極演架之柔緩，輒云苦練尚難增長氣力，如斯練法，何濟於用。

此等窾啟寡昧[11]之流，固不足與語。即有取徑甚高，以欠灑落之工，不能極圓融之妙，其藝能終不免受體力之限制，隨年事為進退。亦有雖習太極，不達奧旨，必至趨入歧路，似是而非。若此類者，皆將勤而鮮獲，勞而少功，亦可惜也。

⓫ 窾啟寡昧：空疏寡陋、愚昧無知。

打手要言

內固精神，外示安逸。

「內固精神」，謂心能靜定；「外示安逸」，謂形不矜張❶。

彼不動，己不動；彼微動，己先動。

待彼先動，乃可得其端倪，感而遂應，貴能後發先至。《淮南子・兵略訓》曰：「敵先我動，是見其形也。彼躁我靜，則是罷其力也。形見而勝可制也，力罷而威可立也。視其所為，因與之化。」❷理與此同。然彼何以必先我而動？彼既動矣，我又何能先之？此必精神內固，持攝力❸強，乃可以靜守動；又必身體外安，各節相應，乃能意到形隨。是故練己之功，不致因應之際難靈。此篇兩節：前一節專言練己，後一節乃言因應，義在此也。

《傳》曰：「射有似乎君子，失諸正鵠，反求諸身。」❹拳技之理亦若是也。

❶ 矜張：「矜」作「莊嚴」解。「張」作「緊張」解。

❷ 《淮南子》是西漢淮南王劉安（西元前一七九至西元前一二二）組織編寫的包羅甚廣的著作。第十五卷《兵略訓》是我國古代重要的兵書之一。本文所引用的「敵先我動……」這一節話譯成白話就是：「敵方在我方之前行動，這就暴露了他們的形跡；敵方躁動我方安靜，這就會使敵人疲憊。敵人的形跡暴露出來，我方的勝利就在掌握之中。敵人的力量疲憊之後，我方的威力就會顯示出來。觀察敵人的所作所為，趁勢隨他們的變化而變化。」

❸ 持攝力：自製力。

❹《傳》曰：「射有似乎君子，失諸正鵠，反求諸身。」注釋者按：《禮記》第十卷《射義》第四十六說：「射者仁之道也，求正諸己。己正而後發。發而不中，則不怨勝己者。反求諸己而已矣。」這一節譯成白話就是：「射箭是仁者所從事的事業，射箭之前先端正自己的姿勢。姿勢端正之後才放箭。如果沒有射中目標，那也不要埋怨勝過自己的人，而要從自己身上尋找失敗的原因。」「仁」作「仁者」解。

打手歌

掤擠擠按須認真，上下相隨人難進。
任他巨力來打我，牽動四兩撥千斤。
引進落空合即出，沾連黏隨不丟頂。

掤擠擠按義見上文。掤須向外激出，擠為左右旁掔❶，擠乃連身平進，按用下抑之力。凡此四勢，上下左右進退之法皆具。採挒肘靠由此變出。採挒即擠之變，靠乃掤之變，肘即擠之變。熟於掤擠擠按四法，則勁路可明。勁路既明，自能通變不竭矣。

上下相隨，謂身手步咸相應也。審能若是❷，則穩定圓活，無隙可乘，故人難侵入。

凡畏巨力者，彼力來而我受之也。如不受其力，反能順勢利用之，則彼之巨力，反為我用。此四兩撥千斤之術也。

引進者，引彼之身，使之失中[3]，則重心易於下傾。落空者，使彼力出而失其鵠。力出鵠失，則彼身反被引動。此於物理力學為惰性律之作用。此時彼身不能自由，吾得因而制之矣。合者，於用力起止之際而變轉其力之方向也。如彼向上進擊而落空，欲收回其力而未及，我即乘勢上格，格時用圈勢由上而下翻，則可轉彼之力，使之傾倒。此之謂合。舉一例諸悉可隅反。

戚繼光《拳經》云：「剛在他力前，柔乘他力後，彼忙我靜待，知拍任君鬥。」[4]戚氏說拍為拍位，此即歌訣中之合。實即彼力起止之際之方位耳。

沾連黏隨，謂順勢依貼也。丟，謂已與接觸又復離去也。頂，謂兩力相拒也。丟則失機，頂乃鬥力，皆非善巧因應之道，惟有沾連黏隨，乃可乘物遊心⑤，有如轉丸掌中也。

中華民國三十年八月六日撰成，
三十二年四月廿四日據訂正本繕寫訖。

❶ 拏：音ㄋㄚˊ，書面語。意思是「牽引」。

❷ 審能若是：如果真的能這樣的話。「審」作「果真」、「確實」解。

❸ 失中：失去中正的身法，導致重心傾斜而跌倒。

❹ 「剛在他力前，柔乘他力後；彼忙我靜待，知拍任君鬥。」這個歌訣見戚繼光《紀效新書》卷第十二《短兵長用說篇》。

❺ 乘物遊心：利用對方的勁路，達到從心所欲的程度。

太極拳發微

序[1]

客有自樂山[2]來者，謂余曰：「徐君哲東近著《太極拳發微》一書，讀之如《參同契》[3]，玄之又玄，難乎其為讀者矣。」余曰：「然，豈其然乎？徐君固善拳而又能文者，此書必多佳妙，苟非緣慳，當獲一讀，以見其玄。」未幾，稿果至，欣然披閱，俱見匠心，發微之名，允稱不易。所可異者，未覺其玄之又玄也。因念《參同契》為道家秘藏，凡求道而未獲門徑者，幾一字不能解。即已獲門徑而未獲堂奧者，亦無由融會貫通。其書遂為下士所笑，寧不惜哉！夫書有傳道證道之不同，傳道尚通俗，證道取精邃。

徐君之書，其殆為證道者歟？果爾，則與《參同契》誠無異趣。而其所謂玄與不玄，均不屬於書而屬於讀者。抑有進焉，《發微》一書，雖非淺說，然自上篇以下，語多具體，不乏深入顯出，宜於初學之處。

各篇箋注尤詳，幾同教本，是則證道而又傳道，不能與《參同契》相提並論矣。還以質之樂山客，其亦不以余為好辯乎？

同學弟**張士一**拜序

民國三十三年三月十五日

---

❶ 此序為張士一先生所作。張先生是江蘇吳江人，生於一八八六年三月，卒於一九六九年四月。清末秀才，一九〇一年考進上海南洋公學，畢業後在母校任英文教員，後又任南京高等師範學堂英文教員。一九一七年被選送美國留學。歸國後歷任東南大學、中央大學英文教授。曾學武派太極拳於郝月如先生，並慫恿中央大學中文系教授徐震（字哲東）先生向郝先生學武派太極。抗戰期間二人避地巴蜀（徐先生在樂山，張先生在重慶）。一九四一年八月六日徐先生撰寫《太極拳發微》脫稿，謄清後於一九四三年初函請張先生作序。

❷ 指四川樂山，時徐先生在該地教書。

❸ 全名《周易參同契》，作者是東漢魏伯陽，是一部道家研究「煉丹」奧秘的經典之作。

上篇

總詮第一

合於變，因於物，動而時發也。機弁術之用，有若是者乎？清明在躬[1]，志氣如神；能定能應，不將不迎[2]。弁術之妙，有逮此者乎？吾為此術，二十有五年矣，各家之傳，亦頗察識之矣；而獨醉心於太極者，以其於此有當也。

太極之學，始則謹於法度，中則因於變化[3]，其究無為而無不為[4]。吾讀《莊子・養生主》，於庖丁之解牛而得太極拳之說焉[5]。曰所見無非牛者，是猶理法未通，隨處牴牾也。曰未嘗見全牛也，是猶理法既熟，隨處得間也。及夫以神遇而不以目視，官知止而神欲行，則不知力之在彼乎？在我乎？彼我都忘，心形相融，而心得為物之主矣。淵兮，邃兮，弁術而造於此也，又豈神於弁術云爾哉！正心以成德[6]，道亦不越乎是矣。

❶「清明在躬」的意思是：自身的神志思慮清晰明朗。

❷「不將不迎」的意思是：不送去迎來。「將」在這裏作「送」解。推手時不主觀地把對方推出或拉進。

❸因於變化：根據對方勁路的變化而變化，即捨己從人。

❹無為而無不為：見《老子》第三十七章，復見《莊子・知北遊》第一節。原話的意思是：不妄為，就沒有什麼事情做不成的。在這裏的意思是：太極功夫臻於化境，就能從心所欲。

❺《莊子・養生主》第二節：「……始臣解牛之時，所見無非全牛者。三年之後，未嘗見全牛。方今之時，臣以神遇而不以目視，官知止而神欲行。」譯成白話就是：「開始為臣分解牛體的時候，所看到的無一不是完整的牛。三年之後，臣下就再也沒有看到完整的牛了。當今之時，為臣以意識看牛而不用眼睛看牛，感官知道停止而意識卻仍要繼續進行。」

❻正心以成德，見《大學》第一節。

時中[7]第二

《易》稱一陰一陽之謂道[8]，謂夫天下事物皆相反而相濟也。夫相反相濟之謂和，和則一。和之一，非執一偏至之謂也。以是推言力之用，力均則平，平由相反而相濟，平故兩力若不存焉，是以相濟成和[9]。若夫一呼一吸，一動一靜，相濟成和，則為致一之虛。身心能虛，成和之修也。成和之修，肇乎用力之至均。

用力之至均，在乎隨宜而得中。夫運身舉步，由習成安。苟非習慣，舉足將傾。若令孩提之量，不使學行，雖至年長，猶將不能舉步也。今使運身舉步，可以宛轉繁變。即遇外力之猝迫，亦能安之若素。此於習慣必有方矣。其以形之時中為始基哉。

❼「時中」出自《中庸》第二節的「君子而時中」。意思是：時時處處言行符合中庸之道。在這裏的意思是：打太極拳時，始終都要保持身法中正。

❽「一陰一陽之謂道」見《易經・繫辭上》第五節。

❾「相濟成和」與《中庸》第一節「致中和」的思想是一致的。

因應第三

夫時中之用，應物而運，不執成心，故能與物推移，無所凝滯，虛靈之技由斯而生。虛靈者，無不可合而無所不因也。無不可合者，以我合彼而獲我所欲也。無所不因者，力不勞而功就，心不動而形隨也。若是者，謂之動亦定，靜亦定，無為而無不為。

昔者，鄭有神巫曰季咸[10]，知人之生死存亡禍福壽夭若神。及壺子示

之，以未始出吾宗，與之虛而委蛇，不知其誰何，因以為弟靡，因以為波流，而季咸逃矣。太極拳因應之道，亦何以異是哉。

⑩ 神巫季咸之事見《莊子內篇·應帝王》第五節。說的是鄭國有個神巫，名叫季咸，能卜知人的生死存亡、禍福壽夭，靈驗若神。列子看到他，很佩服，回來對老師壺子說季咸的道比老師更高深。壺子叫列子請季咸來看他。季咸來看壺子，看了三次，卻摸不著壺子的底細，終於跑掉了。這時壺子對列子說：「我和他相對，無心而順應變化，他不知道是怎麼回事，既看作茅草迎風而動，又看作水逐波而流，所以就跑了。」說明太極拳功夫高深的人變化莫測，對方是摸不出他的勁路的。正如《太極拳論》所說：「人不知我，我獨知人。」

德藝第四

成和之修，必由於順。形順乎氣，氣順乎意。意之專一者為志。志以湛靜順乎心，心者，神智之所宅也。形何由而順乎氣，必致其柔。柔何由致，首蘄合度。度何所依，依於身法。身法者肇為時中之矩律也。

氣者百骸九竅六藏血脈所待而運也。是故氣鬱則體病，氣促則形勞，氣餒則志衰，氣粗則心燥，氣平則體舒，氣靜則心安。凡管乎一身之內外，操其通塞之樞鍵者，其惟氣乎！是以形能順乎氣，成和之始基也。氣能順乎意，意由專一而順乎心，則得乎常心而神發智矣，此成和之極功也。氣若何而順乎意？始於善練，進於善養。伏氣[11]使沉，斂氣使細，是為善練；見素抱樸，則氣醇矣；少私寡慾，則氣定矣；是為善養。善練善養，則氣浸順乎意，意浸專一而不外馳。久一則寂，寂則廓然而心正，心正者神自清，故能感而遂通，應而不藏。疾患去乎體，寬容適乎物，而明通公溥之德，成於心矣。

古人有言曰：德成而上，藝成而下。今也由曲藝而進於成德[12]，是為下學而上達。

⑪ 伏氣即服氣，詳見下篇《境遇第十》注。

⑫ 「由曲藝而進於成德」意為「透過練拳可以達到正心、修身的目的。」「曲藝」意為「小技」。

功用第五

由形及氣，形外而氣內，形粗而氣精；由氣及意，氣外而意內，氣粗而意精。由意及心，意局而心通。心者神之宅，心和平而不蔽，保真而不蕩，則神守虛靈之宅。心神相得，斯為上德。

是故功之始，自外而及內，自粗而及精。功之極，渾然皆忘，無外無內，無粗無精，而一歸於時中。致其功而技用神焉。是以迭用柔剛而不過，泛應曲當而靡遺。

下篇

技詮第六

兵法制勝之要，在以逸待勞，後發先至[1]。技擊之巧，亦盡於斯。然非養成智勇，無以逮此。

何謂智？知己知彼[2]也。

何謂勇？有主於中也。

知己知彼，乃能從吾所便，乘彼之隙。有主於中，乃能無所驚眩，得當而應。夫何以至此哉？在理明而心定耳。理明則不惑，心定則不懼。約舉理要，因勢而已。以言心法，習慣而已。夫不能善因而惟知自用，兩力相值，力大者勝。兩捷相遇，僥倖者勝，則無為貴術矣。且力多用則乏，身數動則罷。縱能制勝，非善之善者也。力不妄用，身不妄動，不值其鋒，而入其空，曲折求達以傾其中。彼雖有大力莫能自攝，雖有巧捷不能避，就因其勢也。

驗之久，操之熟，不假思慮，隨感而應。如縱步坦途而不顛頓，如飛塵致目而睫自閉，習慣然也。若是者，智勇之所由成也。

故肄習太極，務在柔緩。柔可馴致和順，緩可詳審體察。和順而後能因應，體察所以求明理。及至習慣如自然，則遌物不懾❸，心自定矣。皮相之流不識竅要，彼觀演架之時雍容布揮；推手之際，優優湯摩；以為柔則無力，緩難應急；容有益於衛生，而無當於技擊。此所謂下士聞道大笑之也。

❶「以逸待勞」、「後發先至」見《孫子・軍爭篇》。「後發先至」亦見《莊子・說劍》。

❷「知己知彼」見《孫子・謀攻篇》。

❸「遻物不慴」意為「遭遇他物傷害卻沒有懼怕」，見《莊子・達生》第二節，譯成白話就是：關尹說：「……酒醉的人掉下車，雖然受傷但死不了。骨頭和關節與一般的人相同而所受的傷害卻與一般的人不同，因為他精神凝聚，坐在車上也不知道，掉下來也不知道，死生驚慌恐懼沒有進入他的胸中，因此遭遇他物傷害卻沒有懼怕。」

明習第七

凡習太極，演架角技（即推手），功當並重。演架者，本諸身也；角技者，試諸用也。徒重演架，則當否靡徵；徒好角技，則會心不密。致力齊均，則演架有悟，可試諸角技。不得於角技，可察之於演架。旋察旋驗，察亦如驗，驗亦用察，乃可探索入微矣。

演架必先蘄當於規律，角技必先取準於時方❹。二者皆得，則可謂合度矣。逮至洽熟於身，審諦於用，形氣相諧，外內咸若，舉體協，各節隨，周旋轉折，無不如志；沉機會變，其應如響；其用力之得所也，如引弦以激矢也。

其用力之無阻也，如舟行順流而乘風也。其用力之節在間也，若以一指思攝火於熛煙之中也。則可謂精妙矣。

乃專氣而一志，務為靜也，務為斂也。靜之又靜，斂之又斂，動無非中也，應無非定也。即變如常，行其所無事焉。和順之至也，則可謂圓融矣。

是故始於合度，惟法是依；中於精妙，忘法而不離於法；極於圓融，乘物而不見其物；超然綿邈，常守沖虛，斯可謂進於道者也。

❹「角技必先取準於時方」：「時方」指「發勁的時間與方向」。郝月如先生在《武式太極拳的走架打手》一文中說：「……借其力，趁其勢，四面八方何處順，即向何處打之。」有助於我們理解時方的含意。

練體第八

演架規律統於十事，凡此規律，是名身法。十事者，

一曰提頂。提頂者，頭有提挈全身之勢，頂門與會陰常相對當也。

二曰拔背。拔背者，背椎略向上起也。

三曰含胸。含胸者，肩微前合，鎖骨胸骨下降也。

四曰斂脇（原名護肫）。斂脇者，肋骨下降相密比也。

五曰鬆肩。鬆肩者，舒展肩胛帶，令肩下垂也。

六曰沉肘。沉肘者，使肘關節常下沉也。

七曰裹胯（原名裹襠）。裹胯者，兩股之間為內向穹合之勢也。

八曰攝尻（原名吊襠）。攝尻者，腰椎微向後穹，臀向前收，少腹取上翻之勢也。

九曰騰挪。騰挪者，足下分明虛實也。

十曰閃戰。閃戰者，全身肌骸舒暢調適，能隨時隨處運移也。

提頂拔背，則神志清明（以腦脊髓神經易於安寧）。

含胸斂脇，則感應警敏（上體肌肉以含胸斂脇而得空鬆，肌肉空鬆，則皮膚感覺靈而神經之反射亦速）。

鬆肩沉肘，則關節通利（肩肘關節不滯，則上體肌骨不受牽掣，各節皆得通利）。

裹胯攝尻，則身安息調（裹胯則腿下屈而重心降低，股與骨盆所成之杵臼關節運轉之地位寬舒。若但屈兩腿而不取內裹之勢，則杵臼關節運轉之地位迫促。重心降低，則置身穩定；杵臼關節運轉之地位寬舒，則迴旋便，避就易，此皆安身之要法也。攝尻，則腰肌自鬆，微作弛張，即可使膈膜升降而成腹呼吸。用腹呼吸，則息之出入易調，雖伏氣尚有專功，此固伏氣之本也。又裹胯攝尻二勢，亦互相助成）。

足常一虛一實，交互相代，以支其身，則進退變轉甚易（以重心不致提高，力矩不致增長，故動中依然穩定，動時仍可發勁），故能騰挪。周身隨時隨處可以運移，則宛轉避就，無所底滯，故能閃戰。

十者悉合，是為合度。一事未合，餘即受其牽繫，難以盡當。故演架至於合度，於弁博與養生，咸可得效矣。

初學未能兼顧，則姑先擇數勢，措意習之，使之略能近似，更及其餘，浸習浸洽，以臻貫通，而後可進於精妙。

練用第九

角技必取準於時方，弁術皆然。伊惟太極善借彼力，善用我力，則非自余各家所及矣。蓋各家所爭者，得時之先，得方之勢；太極之妙用，不爭先而蘄隨時，不爭勢而蘄隨方。能隨則無時非先，無方不順。請言太極時方之準：夫時之所爭，不過瞬息，而力之作止變轉，輒見節族；及其將作未作，將止未止，將變未變，將轉未轉，於是焉取之，謂之應節；不得其節族勿取也；已失其節族，必將有待也。故不爭先而蘄隨時也。

然而我之力亦有作止變轉而無節族可尋者何也？凡複合之動，錯綜而運不能行於一時，則作止有跡，變轉有端，一斷一續而節族顯。

若於一時能為複合之動，錯綜而運，則循環無端，連綿無跡，取勢常相反相濟，則屈伸往來，避就攻守可以俱時，而有節族奚由尋哉？此時之準也。

夫方之所爭，惟在毫釐分寸；其用之也，有前後左右上下，斜正曲直。所以用其前後左右斜正曲直者，總歸於順逆。轉其順勢，順反為逆，乘其逆勢，當機勿失，此據彼而言也。惟勢勢自處於順，乃可制彼之逆，此據我而言也。

故彼來我接，彼去我迫；毋當其衝，而就其空。避其衝者，非彼讓

也。左旋右進，上捨下攻，斜切曲取，亦為讓也。就其空者，非必前也，退接旁拿，亦為就也。

正以用斜，斜以濟正，直以用曲，曲以濟直。若是者，必於一勢之中，兼用數勢；一動之頃，非止一力。要使彼力方向陡變，彼心倏受震驚，則可使彼力還施彼身，而吾直如摧枯焉。此為善於隨方，此方之準也。然方雖得準，應時則效；時或小差，效即減殺；時若相違，效或相反。

時之於方亦猶是也。故當肄習角技，必合而用之，以蘄確當。寧循理而求精，毋越理以爭勝。功候至而智勇存焉矣。

境詣第十

程功之序，曰合度，曰精妙，曰圓融。

凡此所歷，各有境詣。始學之時，骨節不舒，腱不柔韌，肌不調諧，膚不寬敏，步無虛實，則置身不能穩，舉措不能當，是以作止遲而使力拙；及至骨節已舒，腱已柔韌，肌已調諧，膚已寬敏，步諳虛實，則置身自穩，舉措自當，作止輕利，使力剛捷。此雖合度，猶為外形之和順，而未及乎內也（和順以肌肉調諧為首要，大抵上體肌肉易鬆，下兩肢較難，至下兩肢肌肉亦鬆，則竟體調諧。能若是，外形和順之工畢矣）。外功拳之精者亦能之。

太極之功已造此境，又將自見其粗而不細，疏而不密，生而未純也。始知進而煉其內，煉其內，則必程功於伏氣❺，使呼吸與開合相應。其呼

吸之出入也，不散不促，安勻流利；浸習以洽，則內肌與外肌之弛張相得也，臟腑經絡之間遂暢無滯也。在身則形與氣相和相順也，在用則自與他相和相順也。於以直湊單微，是為精妙，此非外功所逮矣。

造乎此境，驗諸角技，其數有六：

一曰安，安者動無虛妄，不致於人[6]；

二曰敏，敏者知己知彼，感準應確；

三曰簡，簡者宛轉曲折，不見形跡；

四曰易，易者乘間蹈瑕，恢恢有餘；

五曰深，深者形見於此，用起於彼；

六曰涵，涵者渾然無有端涯，而能包覆羅絡，是於弁術固已優矣；

然猶有意求勝，以我制物，未能無意自合，乘物遊心也。進於此當忘氣，忘氣意之適，意適而心定矣。心定而神全矣。動若不動，應若未應。

若然者，形不累其心，心得主其形；物不與我違，我得為物主。力之在彼，無異在我，所謂神者先受之[7]也。（《莊子•知北游》冉求問於仲尼曰：「未有天地可知耶？」仲尼曰：「可，古猶今也。」冉求失問而退。明日復見，曰：「昔者吾問『未有天地可知乎？』夫子曰：『可，古猶今也。』昔日吾昭然，今日吾昧然，敢問何謂也？」仲尼曰：「昔之昭然也，神者先受之；今之昧然也，且又為不神者求耶！云：『虛心以待命，斯神受也。』注：『且又為不神者求耶！』云：『思求更致不了[8]。』」震謂：「拳技之功達乎至精至醇，會彼外力，心不起念，自然隨應，亦為神受也。」）。

夫是之謂，無意自合，乘物遊心。其所以致此者，常使呼吸甚深、甚細，綿綿若存，固不獨持之於演架角技；又當養之於平時。此大智大勇之境詣，可謂達於圓融矣。要未離於和順也。

問曰：太極之功，僅臻合度，直與外功無別耶？

應之曰：非謂無別也。謂其技用相等耳。如置身穩，舉措當，作止輕

利，使力便捷，是所同也。

至於太極之規律，非外功所能具，故外功能進於精微者鮮也。

---

❺ 伏氣：即服氣。原為我國古代一種呼吸養生方法。嵇康《養生論》：「呼吸吐納，服氣養生。」

❻ 不致於人：見《孫子・虛實篇》：「故善戰者，致人而不致於人。」此處「致」作「控制」解。「不致於人」意為「不受制於對方」。

❼ 「神者先受之」見《莊子・知北遊》第十一節，意為內心已先接受，指心中已有所思考。這一節的譯文是：冉求向孔子請教說：「天地產生之前能知曉嗎？」孔子說：「能。過去像現在一樣。」冉求問完了就退出來，第二天又來拜見，說：「昨天我問『天地產生之前能知曉嗎？』先生說：『能。過去像現在一樣。』昨天我明白了，今天我又糊塗了，冒昧地請教先生說的是什麼意思？」孔子說：「昨天明白，是你內心已有所思考；今天糊塗，恐怕是你內心沒有思考又來請教吧？」意思是說：內心有所思，才能思有所成，內心不思考，求教也沒用。

❽ 思求更致不了：即使向老師求教還是不懂。

伏氣第十一

伏氣之法，樞鍵在腰。何以言之？以腰肌之弛張，可使膈膜為升降（腰肌張則膈膜降而為吸，腰肌弛則膈膜升而為呼。將欲息之出入深細，首在膈膜之升降與肺之張弛相應）。腰肌與胸肌弛張相調適，則肺不勞而肌膚呼吸之功用充（凡腹呼吸練至純熟，可增進皮膚呼吸之機能）。此和順形氣之法也。

若不謀形氣之和順，則有二患：

其一，吸氣多而呼氣少，則將或患中滿，或感結轖。

其二，外肌雖寬，內肌或急，關節肌腱，雖已舒展，臟腑經絡之間，未盡遂暢，則有時將覺悖戾，有時不免僨張。

惟胸肌與腰肌弛張能相調適，則胸腹之間，一闔一闢，自爾和順。而

呼吸之根，若在臍下，雖身有動搖，而呼吸不粗不急。及夫浸習浸和，息之出入浸斂浸微，遂若外忘其形而一於氣，內忘其氣而合於志。志者，意之致一者也。及其和順之志，志亦如忘。但覺融融泄泄，若將飄搖輕舉然，夫是之謂能化。

問曰：伏氣之功，必待外形和順方可及之耶？

應之曰：外形既已和順，自無大喘疾息，亦可謂調息，然呼吸猶粗，緩急亦未甚勻，沉靜之工未加，即輕躁之失難除。但在初學，外形尚未和順，驟而語以伏氣，則形之與氣不能相得，徒著意念，更生扞格⑨，乃至無益有損。學戒躐等，理不誣也。若外形已臻和順，不復求進，亦無須更講伏氣。若復求進，必入深細。既趨深細，二患亦來，是以伏氣之功，不可不講也。

---

⑨扞格：互相抵觸，格格不入。扞音ㄏㄢˋ。

養生第十二

養生之術，古有導引。

《莊子・刻意篇》曰：「吹呴呼吸，吐故納新，熊頸鳥伸，為壽而已矣。此導引之士，養形之人，彭祖壽考者之所好也。」

李頤注云：「導氣令和，引體令柔。」

華佗亦云：「人體欲得勞動，但不當使極耳。動搖則穀氣得消，血脈流通，病不得生，譬猶戶樞不朽也。」

是以古之仙者，為導引之事，熊頸鴟顧，引挽腰體，動諸關節，以求難老。此皆導引家之精義也。惟太極拳貴和致柔，動而不極，悉合導引之方，則雖為弁術，固具導引之精義焉。雖然猶未也，導引止於養形耳，太極者亦以養心。

夫其自外而及內，至於內外兩忘，則可以心普萬物而無心，情順萬事而無情，於養形也何有？昔者唐仲俊少時讀《千字文》，於心動神疲而有悟，平生未嘗動心也，故年至八十五六猶極康寧（事見陸游《老學庵筆記》）。彼得不動心之一端，尚能若是其壽，況於形氣交養而歸於正心凝神者哉！是則引年之本矣。

序志第十三

太極拳者，以弁技為主，亦兼導引之術，不知創之者為誰。明末王介祺有《太極連環刀法》，以太極之名用於技擊始見此書。不知其時已有太極拳否?也在乾隆年間，山右王宗岳始以太極拳法授溫縣陳氏。今之傳太極拳者皆源出於此。

宗岳又撰論一篇，敘次舊文，纂成拳譜。厥後永年武河清禹襄，李經綸亦畬，續有著述。言非苟作，論不虛生。其領攝本宗，嬴埒枝緒，精矣。然語簡難知，又未能區入曲詮。

余嘗撰《新論》六篇，綜而貫之，條而理之，資於物理、生理、心理，以闡其厥義。自謂頗明暢矣。

由今觀之，說多疏淺。於時造詣未測玄奧，難為究極之談也。乃更製

《發微》十有二篇，差擇眇旨，提挈凡要，誠得其意，可以會乎宗極矣。其達諸正心成德，非附會也。理自可通，道自可由也。

十二篇中，上五篇主言義，下七篇主言法；法之中有義焉，義之中法存焉。讀者善察之而已。雖然書不盡言，言不盡意，孰是得意而忘言者，庶幾為卜梁倚，吾其為汝偶可也[10]。

中華民國三十年八月六日撰次竟，**武進徐震哲東記**。

⑩ 孰是得意而忘言者，庶幾為卜梁倚，吾其為汝偶可也：我拋磚引玉，有賴於得意忘言的後起之秀寫出傑作。

後記

《太極拳發微》是徐震先生闡述太極拳理論的力作，初稿於一九四一年八月六日完成。

一九五三年三月二十九日我在徐先生家裏看到此書的謄清稿。可惜此稿在「文化大革命」中喪失。而未謄清稿卻不知怎麼的流傳到海外。

一九八二年五月李英昂先生從瓜地馬拉把這未謄清稿寄給朱福寶先生，福寶先生又寄給徐先生的女兒徐云上，云上把此稿連同張士一先生寫的序交給我。

十五年後才有機會將書稿加上標點，由山西科技出版社出版（正體字：大展出版社）。徐先生是國學家，撰寫此書時引經據典。雖然引證確

切，言之有物，但沒有讀過經史的讀者難免會感到困難。為了幫助讀者理解，我加了二十多個注釋。我標點、注釋此書時，參看了《老子》、《莊子》、《孫子》、《易經》、《大學》、《中庸》等書。自知國學知識淺薄，如有欠妥之處，敬請讀者指正。

我將其中的古字改為今字（例如將「女」改為「汝」）。

林子清

二〇〇五年二月於上海

太極拳新論

序

余治太極拳學，曾為書六種：曰《考信錄》，曰《拳譜理董》，曰《拳譜辨偽》，皆考訂史實之作也。曰《源流記》，敘錄師承之作也。曰《理解》，曰《姿勢圖說》，皆闡明理法之作也。書皆成於民國二十六年以前，前三種已印行，後三種欲印行而未果。其後合《理解》、《姿勢圖說》為一書，更名曰《太極拳新論》。其中先詳生理、物理力學及心理學之梗概，乃至釋氏、丹家修持之方，然後引以詮解拳中之理法，故其辭甚繁。恐觀者不易得其端緒，乃復撰為《太極拳發微》二卷，提挈要領。比者又思撰《國粹體育》一書，書中所言多有同於《新論》者。為免重複，故將《新論》刪存五篇：曰《流別論》，曰《原理論》，曰《練法論》，曰《正名論》，曰《決疑論》。

《流別論》者，明太極拳之系派而評其異同，為便於學者求師計也。《原理論》者，以科學之理明太極之術也。《練法論》者，言姿勢與練架打手之要義也。《正名論》者，言重定術語之由也。《決疑論》者，答學者之難而釋其疑也。是書與《發微》互有詳略，《發微》文簡而涵義較深，此書文淺而立說較顯。書中除解釋身法十目外，與《發微》所取資者各異，故重複之處甚少。覽者合而觀之，於太極拳之理法，當益易曉悟也。

徐震

民國三十二年六月十四日

書於白崖寓廬

導讀

《太極拳新論》闡述拳史、拳理、拳法，非常精闢。把《新論》和馮志強等三十位專家合作編著的《太極拳全書》（學苑出版社，二〇〇二年三月第一版）比較一下，發現兩書的觀點驚人地相似。《全書》集當代六大太極拳流派之精華，融太極拳理、拳法於一體。

在太極拳史方面，《全書》第六頁上說：「在太極拳史方面，首推唐豪、徐哲東等人的大量研究考證。」《新論》則在《流別論》和《決疑論》中對太極拳史作出了實事求是的結論：太極拳與張三峰無關。

在太極拳理方面，《全書》第十頁上說：「從古老的《周易》到宋明理學，都對太極拳有不同程度的影響。」第六頁上說：「武式取法捨形，主敬主靜，沒有脫離其受宋明理學的影響。」

《新論》的《決疑論》曾提到北宋理學家程頤的「動靜節宣」，《原理論》中說：「太極拳措身中正，於日常行動之中，養成莊敬之度，此即禮之義也。調適呼吸，使志慮不紛，中心恬愉，此即樂之義也。」《原理論》還引用了美國體育學家沙勤脫的《健康學》和我國生理學家蔡翹的《生理學》。

前者證明太極拳運動有益於健康，後者證明柔中之剛，方是至剛。

《全書》在太極拳技術原理概述、基本動作要求原理和基本拳勢概要各章用比較的方式來研究六大流派的共性和個性。

徐先生在《流別論》中指出，陳氏所練之勁為纏勁，楊氏為綿勁，郝氏為脆勁。接著說：「然三家以和順形神為體，以借力打人為用，又無乎不同。」對各派太極拳的個性和共性，瞭若指掌。

他在《練法論》中先說明太極拳的姿勢（武禹襄所提出的身法十目），再列出陳楊郝三氏拳架。

《全書》第七頁上說：「用實證性研究證實太極拳獨特功能，保留傳統的風格特點，創編富有科學實效的簡化套路，是適應社會發展的大趨勢。」《中華武術》二〇〇三年第六期發表了太極拳六大流派的簡化「十三式」。二〇〇五年一月人民體育出版社出版了《簡化太極拳叢書》。

可是徐先生早在六十多年前就在《練法論》中提出：「太極拳架勢善矣，吾猶嫌其過繁，且以為連貫演習未若分節演習之易於合度也。因取陳楊郝三家拳架，各為編成簡式若干節。」他的遠見卓識，令人驚歎。

徐先生還在《正名論》中提出：「掤應作弸。……弸者，《說文》云『弓強貌』。……」人民體育出版社一九八八年出版的《太極拳全書》第二三四頁上說：「掤勁，由於身肢放長產生一種彈性，猶如弓弦為弓背的彈力所拉長而產生彈性一樣，形成一種彈簧勁，呼為掤勁。」足證徐先生的見解值得我們考慮。

《新論》中引用的古書、古語，我都加了注釋。限於水準，欠妥之

處，敬請讀者指正。

林子清

二〇〇五年五月於上海

流別論

太極拳不知始於誰氏。考之拳譜，徵之諸家之口說，謂源於王宗岳者近是。自王宗岳傳溫縣陳氏，其術漸著。

陳氏之先世有名王廷者，為明末清初人。本擅武技，子孫傳習，代有能者。然其拳法為長拳、炮拳，不名太極也。

王宗岳之事蹟，今不甚詳。今傳《陰符槍譜》一種，有佚名氏序，言山右王先生云云。雖未明著宗岳之名，其稱山右王先生，與太極拳稱山右王宗岳，籍貫正同。此序作於乾隆乙卯（六十年），序中言先生常謂予曰（震按：「常」似當作「嘗」）：「予本不欲譜，但悉心於此中數十年，而始少有所得。……」據此，則宗岳當乾隆末猶在。

據楊氏傳說，謂王宗岳傳蔣發，蔣發傳陳長興。長興為嘉慶道光時

人，考其時與王宗岳、蔣發正相接，則王宗岳為乾隆時人，與作《陰符槍譜》之王先生宜為一人。

李經綸《太極拳小序》曰：「太極拳不知始自何人，其精微巧妙，王宗岳論詳且盡矣。後傳至河南陳家溝陳姓，神而明者，代不數人。」是亦溯源於王宗岳。以此諸說參會求之，則太極拳自王宗岳傳陳氏，當在清乾隆間，可斷言矣。

陳氏以太極拳著者，先有陳繼夏、陳耀兆、陳鵬、陳秉壬、陳秉旺、陳秉奇諸人。至道光間陳有本創太極拳新架，子侄以藝名者，皆出其門。陳長興者，秉旺之子，又得蔣發之傳。永年楊福魁露蟬[1]從受其術，所習者為老架。後又問學於陳仲甡，乃兼通新架。於是太極拳有楊氏學。

露蟬之仲子鈺，字班侯；叔子鑑，字健侯。健侯長子兆熊，字少侯，又字夢祥；叔子兆清，字澄甫，俱能承家學。楊氏累世授技於北京，露蟬之弟子有孔繼堯、王蘭亭、全佑（全佑後又師事班侯）。繼堯當清光緒時授拳於大名府一帶，蘭亭以太極拳法告武清、李瑞東。瑞東者，即河北盛稱之鼻子李也。其術行於天津、保定一帶。全佑之子吳鑒泉，弟子劉鳳山彩臣❷等，亦授技於北京。此皆楊氏一派也。

永年有武河清者字禹襄，初與楊露蟬為友，因從受拳法。後又至溫縣趙堡鎮（趙堡離陳家溝數里），受學於陳清萍。清萍之太極得諸陳有本、張炎。所習者為新架。禹襄長兄澄清字秋瀛者，官舞陽縣知縣，於舞陽鹽店得王宗岳《太極拳譜》。禹襄乃發揮其義，撰《十三勢行工心解》、《四字秘訣》。其甥同邑李經綸字亦畬，盡得其傳，著有《太極拳小序》、《五字訣》、《撒放秘訣》、《走架打手行工要言》、《太極拳譜跋》等篇。亦畬傳同邑郝和字為真，為真授徒甚多，以完縣孫福全字祿堂者名最著。為真次子文桂字月如，尤能得其精義，是為太極拳武氏學，亦稱郝氏學。

其後吳鑒泉復問學於宋書銘（全佑本滿人，鑒泉始改從漢姓），因別

為吳派。孫祿堂本精於形意八卦，其受學於郝為真，年五十餘矣，乃以形意、八卦合於太極，又別為孫派云。

至陳氏之傳，自有本而後，以陳志壎字仲甡及其弟季甡為最著。二人皆有本兄有恆之子也。仲甡之季子名鑫，字品三，號應五，別號安愚，著有《陳氏太極拳圖說》四卷，陳子明從學焉。

仲甡生於清嘉慶十四年，卒於同治十年，年六十三歲。弟季甡與之孿生，卒於同治四年。品三生於道光二十九年，至民國十七年猶在，卒時年八十餘歲。武禹襄生於嘉慶十七年二月，卒於光緒六年十一月，年六十九。李亦畬生於道光十二年九月，卒於光緒十八年十一月，年六十一。郝為真生於道光二十九年，卒於民國九年十一月，年七十二。孫祿堂卒於民國二十二年九月，年七十二。郝月如卒於民國二十四年十一月，年五十九。楊健侯卒於民國六年，年七十八。少侯卒於民國十九年秋，年六十餘。澄甫卒於民國二十五年，年五十四。此太極拳之史實，確可依據者。

俗傳太極拳出於張三峰，則後人附會之說也。按黃宗羲《王征南墓誌銘》云：「少林以拳勇名天下，然主於搏人，人亦得以乘之。有所謂內家者，以靜制動，犯者應手即仆，故別少林為外家，蓋起於宋之張三峰。三峰為武當丹士，徽宗召之，道梗不得進，夜夢元帝授之拳法，厥明以單丁殺賊百餘。

三峰之術，百年以後流於陝西，而王宗為最著。溫州陳州同從王宗受之，以此教其鄉人，由是流傳於溫州，嘉慶間張松溪為最著。松溪之徒三四人，而四明葉繼美近泉為之魁，由是流傳於四明。四明得近泉之傳者為吳昆山、周雲泉、單思南、陳貞石、孫繼槎，皆各有授受。昆山傳李天目、徐岱岳，天目傳余波仲、吳七郎、陳茂宏。雲泉傳盧紹岐。貞石傳董扶輿、夏枝溪。繼槎傳柴元明、姚石門、僧耳、僧尾。而思南之傳則為王征南（征南生年據《墓誌》為丁巳，乃萬曆四十五年。卒年為己酉，則康熙八年也。年五十三歲）。」

宗羲子百家撰《王征南先生傳》，中詳載其應敵打法色名若干，穴法若干，所禁犯病法若干。練法有練手者三十五，練步者十八，而總攝於六路與十段錦之中。今據此兩文以校太極拳，則王宗為陝西人，王宗岳為山西人。王宗當為明成化、弘治間人（以張松溪為嘉慶人推之，王宗前於松溪四、五十年），王宗岳為清乾隆時人。王征南所傳之打法穴法練法皆與太極拳不相類，則王宗非王宗岳，而太極拳亦不可與內家牽合也。

余觀許龗厚《太極拳勢圖解》中言太極拳之流派，云「三峰係宋徽宗時人，值金人入寇，彼以一人殺金兵五百餘。山陝人慕其勇，從學者數十百人，因傳其技於陝西。元世祖時，有西安人王宗岳者，得其真傳，名聞海內，著有《太極拳論》、《太極拳解》、《行工心解》、《搭手歌》、《總勢歌》等。溫州陳同曾多從之學。」此則直改王宗為王宗岳矣。且多以意竄改舊說，尤為誣妄。而流俗信之，以為太極拳傳自張三峰，萬口附和，牢不可破，亦可謂不詢其端，不考其末者矣。

觀於李亦畬《太極拳小序》尚云不知始自何人，未嘗云傳自張三峰。此文作於光緒七年辛巳，可知太極拳源於張三峰之說，當光緒初猶未盛傳。遍檢陳氏諸書，亦無太極拳始於張三峰之說，皆足證太極拳與張三峰無涉。

楊氏拳譜中於王宗岳《太極拳論》後附有「此係武當山張三峰老師遺論，欲天下豪傑延年益壽，不徒作技藝之末也」云云。李亦畬手寫本即無此數句，則此數句為後來所加，非王宗岳原文，顯然可見矣。

又謂宋書銘所傳者，其三十七式之名目，全同楊氏拳架，如懶紥衣之作攬雀尾，閃通臂之作扇通背，惟楊氏本為然，陳武本皆不如此。又斜飛勢亦惟楊氏拳架中有此名，陳武兩家皆無。宋氏三十七式，此三者皆同於楊，其為源出楊氏無疑。為欲自成系派，不得不偽造師承耳。

許龗厚《太極拳勢圖解》中述太極拳之流派，自陳楊一派外，又有許俞程殷四派。謂「唐許宣平所傳太極拳術名三世七，因只三十七勢而得

名。其教練之法為單勢教練，令學者一勢練熟，再授一勢，功成後各式自能互相連貫。其要訣有《八字歌》、《心會論》、《周身大用論》、《十六關要論》、《功用歌》，傳宋遠橋。」

又謂「俞氏所傳之太極名先天拳，亦名長拳，得唐李道子之傳。李居武當山，人稱之為夫子。俞氏所傳之人，可知者有俞清慧、俞一誠、俞蓮舟、俞岱岩等。」又謂「程氏太極拳術始自程靈洗，其拳術得之於韓拱月。傳至程珌，改名小九天，共十四勢。有《用功五志》、《四性歸原歌》。」

又謂「殷利亨所傳之太極拳術名後天法，傳胡鏡子。胡鏡子傳宋仲殊。其式法十七，多屬肘法。」

又謂「宋遠橋與俞蓮舟、俞岱岩、張松溪、張翠山、殷利亨、莫谷聲等七人為友，往來金陵之地。尋同往武當山訪夫子李不遇，適經玉虛宮，晤三峰先生，七人共拜之。惟張松溪、張翠山傳者名十三式。」

又謂「有宋書銘者，自云宋遠橋後，久客項城幕。精易理，善太極拳術，頗有所發明，與余素善，日夕過從，獲益匪鮮。本社❸教員紀子修、吳鑒泉、劉恩綬、劉彩臣、姜殿臣等多受業焉。」所言許俞程殷之傳，羌無故實，亦別無旁證。陳楊武三派中皆無此說，其為宋書銘所偽造無疑（參見拙著《太極拳譜辨偽》，可得其詳）。

凡太極拳流派，其明白可據者，要不出於陳、楊、武三家之傳。其附會偽造之說，皆源於楊本《太極拳論》後之附記及宋書銘之說。余於太極拳，既述其師承之可信者，因並舉附會偽造之說而辨正之。學者由是推尋各家之軌途，可悟演變之所由，循學理以求深造，訪名手以得真傳，而不為虛誣之說所惑也。然又有當分別觀之者。

如宋書銘之造作源流，假託師承，雖不可信，至其分全部太極拳架為三十七式，以各式分別演練，其法實有可採。且既為吳鑒泉、劉彩臣輩所師事，其造詣亦必有可觀。學者遇此等人，雖不可墨守其議論，未嘗不可

肄習其技術。是又在心知其意者善為抉擇也。

至陳、楊、郝三家之異同，一在走架，二在應用。陳氏新架，取勢多低。其迴旋肢體，多用扭轉法，所練之勁為纏勁。其於應用，為運用圈法以轉彼勁。楊氏大架，取勢開展，動作柔緩，所練之勁為綿勁。其應用為隨順彼力，制其起落。郝家演架為小架，亦稱短架，所練之勁為脆勁，亦稱短勁。其於應用，則一觸之頃，便用切線，乘機接入[4]。然三家以和順形神為體，以借力打人為用，又無乎不同。取徑各有所自，故練法稍別耳。其理本通，其致不二，閱原理論自可了然。

郝氏銳利，頗有近於形意之處。陳氏圓轉，頗有近於八卦之處。兩家之學，於技擊較易見功。然練鬆練順，則以楊氏之學為易。若專就一家之學，真積力久[5]，既精既純，並可造乎極詣，不以取徑不同而殊其功效也。

❶露蟬：許霳厚書中作「露蟬」，今多作「祿禪」。徐先生的舊作是照許霳厚的說法。

❷彩臣：劉鳳山的號。

❸本社：指北平體育研究社，為許霳厚所創辦。

❹則一觸之傾，便用切線，乘機接入：鑽對方的空子，見縫插針。董英傑在解釋「動急則急應，動緩則緩隨」時說：「如敵來勢急則柔化焉能應付哉。須用太極截勁之法，不後不先之理以應之。何謂截勁？如行兵埋伏突出截擊也。何謂不後不先？於敵手已發未到之際，我手於敵膊未直時截入，一發即去。」此語可資參考。

❺真積力久：認真積累，持久鍛鍊。

原理論

拳術之作用有三：

一為健身之運動。

二為搏擊之技藝。

三為有裨於修養。

其學理之根據亦有三：

一為生理之根據。

二為物理力學之根據。

三為心理之根據。

太極拳之特徵亦有三：

一為動作柔緩。

二為全體互應。

三為動靜合一。

今即以太極拳之特徵，以拳術中具有之作用及學理闡明之。

先論動作柔緩

凡從事於運動，宜以促進體中新陳代謝，裨益軀體之營養及發展肌肉骨骼之機能為最正當之鵠❻。即練習拳術亦當以此為首要。然運動之術，固不盡合斯義，拳術亦不盡合斯義也。其不合斯義者，大抵不出二途：

一為運動過於劇烈，則體中物質分解速而排出緩，將使廢物積於組織之中而成過度之疲勞。常作過勞之運動，將使組織消損，器官之機能為之減退。

二為偏於局部之運動，則體中營養物恒為一部所奪而成畸形之發展。有畸形之發展即有偏枯之處，是即為器官受病之由。

運動家每有成績優異而生命短促之事，拳術家每有外肌甚充而內臟受傷之事，皆由犯此二失耳。美國沙勤脫謂，年至五、六十歲時，其主要之運動宜和緩簡單，時間不妨稍長。最不宜為急速複雜、一刻即了之運動（見其所著《健康學》第十章，有江孝賢等譯本，中華書局出版）。吾謂豈獨五六十歲人，三十以上人，苟非以運動或授拳為專業者，皆不宜為也。

太極拳動作柔緩，絕無上所列舉之二弊。又以動作柔緩，故肌肉無極度之張縮。而精神貫於全體，則於各組織各器官可得統一而平均之鍛鍊。借此分佈血液，排除組織中之廢物，及輸送養分，補充組織中之消耗，法莫善焉。

故運動之後，非獨不感疲勞，且於萎苶[7]之時，作二三十分鐘之演架運動，轉覺氣爽體適，精神陡振，足見柔緩動作有益於健康。

當練習太極拳至若干時期後（各人不同，不能說定），於演架之時，可覺肌肉有微微之震動，有時若深入骨髓間，此蓋細胞翕張波動之感覺。此即行柔緩之動作，使精神貫注內部之效徵。鍛鍊既久，此種現象又復不見。

斯如沙勤脫所云：「行強烈之運動，心搏必至增速。能常習之，則由速而緩，漸能恢復原狀。」（見《健康學》第五章）然行強烈之運動，所鍛鍊者猶為粗淺。借柔緩之動作，貫注精神於內部，得之者乃更深細。沙勤脫又謂：「如上法鍛鍊堅強，即驟遇意外強烈運動亦無他虞。」（同上章）然則行柔緩之鍛鍊，功力既至，其心神所發揮之能力，必有大過於行強烈運動者矣。

孫祿堂《拳意述真》言：「拳術至練虛合道，是將真意化到至虛至無之境。不動之時，內中寂然空虛，無一動其心，至於忽然有不測之事，雖不見不聞，而能覺而避之。形意拳李洛能先生，八卦拳董海川先生，太極拳楊露蟬先生，武禹讓先生（即武禹襄也），四位先生皆有不見不聞之知

覺。」孫君所言，若近玄虛。其實久為深細之內體鍛鍊，神經自能常定常應，故有特殊之感通機能耳。此乃技擊至高境詣也。

柔緩與發力之關係亦不可不知。世俗拳師但知用力收縮其肱二頭肌，使臂屈轉；再用力收縮肱三頭肌，使拳打出，以為發勁充足。此種運力，在外形似甚有力，且甚迅速。不知肌肉中含膠性物甚多，具有頗大之滯性。此種滯性，因收縮而增加，故肌肉之收縮，必受相當之抵抗。肌肉之收縮緩，滯性之阻力亦微。收縮愈快，滯性阻力亦愈大（據蔡翹所著《生理學》第二篇第十章之說）。

然則急劇收縮肱肌以發其拳或掌者，用力雖多，拳或掌點之處，其功能反少。故雖有力，輒覺感覺不能達出。若出以柔緩之動作，則以無強度之屈伸而阻力甚微，故其作用於落點之力，轉益沉重。且肱臂不為強度之伸縮，外形雖若遲緩，而發出之力借足踵為源泉，借腰肩肘關節之激動，反可得強烈之加速度而成重大之衝力。故柔中之剛，方是至剛；緩中之速，乃為真速。足見柔緩動作有利於技擊。

❻ 鵠：音ㄍㄨˇ。箭靶子。

❼ 苶：音ㄋㄧㄝˊ。疲倦。

次論全體互應

人體之運動固借肌肉，至於活動之功能，不能不兼重骨骼之位置。故一方用柔緩之運動，練成肌肉之敏活機能，一方還須將全體骨骼位置得宜，練成肢體間互相協調之姿勢。二者皆得，則於進退迴旋之時，可不受惰性律之作用，致失自由。惟然，乃可於變動之中置身穩定，隨意用力，則變動不礙其發勁，發勁不礙其穩定。可為連續不斷之運行，使引避與進擊同時並作。具體言之，即將頭脇背臀及兩手兩足各部骨骼練成一種合法之姿勢耳。此種姿勢練熟，乃能於活變中常不失其平衡，夫如是而後能見

功於技擊。

由全體互應之姿勢，可使肌肉無極度之伸縮，可使肌肉動作不至自為牽制而失其柔緩，可使全身位置隨時隨處皆成最合自然之平衡，而減少支持身體之力量，因而減少動作之疲勞。夫如是而後能有益於健康。

合上二義以言太極拳之運用，其微妙可見矣。何以言之？凡拳技運用之妙，不出五事：

一穩。

二速。

三重。

四因[8]。

五準。

己身不穩，自保不暇，安能攻人。故技擊妙用以穩為基。穩若未能，無從言妙。然穩非堅立不動之謂，在應敵之時，勢亦不能堅立不動。流俗拳師有以固滯之騎馬式練穩者。不知當兩力交激之際，心若不能自持，身又安能堅立？身一動而全體之動作互為牽掣，又何從能穩？況運用攻守之法，勢亦不能堅立不動也。

太極拳之練穩，乃將全體互應之姿勢，與肌肉之敏活機能，為合一之操練。習之至熟，自能於行動變轉之中而安其身。身安則神經寧靜，神經寧靜則雖有外力之激蕩，可以從容應之，此所以能穩。

練成肌肉敏活之機能，則運用肢體可免滯性之屈伸，而發勁自爾疾速（此義已見上文）。更加以全體動作之互應，則疾速尤甚。例如世俗拳師伸拳向前發勁，若標的相去少遠，往往使身前探以求力得達於標的。以有物理惰性律關係，此一前探若竟落空，身必被引而向前進。及將力收住再行發勁，則發勁遲矣。

若能練成全體之互應，則力出之後未達標的，其求達也必不使身前探，而為下肢之上步。方其上步之時，依然不失穩定之身法（身法之義見下《練法篇．姿勢章》中）。則在我不須待求得穩定之後再行發勁，在彼即能避過第一次進擊，以彼引避之時未能同時再作隨意之活動，則於我第二次進擊，必無法再避矣。

又如彼來擊我，依尋常對法，必先避過彼手或架開彼手，然後還擊。在太極拳則不須如此，只就彼力進行之方向作一閃避，則彼進行之力受惰性律之作用牽動其身，使彼重心離位。我即於閃避之時，加力於其重點，則彼之支點不能自持而重心下落，身亦隨之傾仆矣。然此必我於同時能為閃避及加力於其重點之兩種動作，乃能有效。兩種動作能於一時為之，即全體互應之功也，此所以能速。

依物理之定律，運動量為品質與速度之乘積。借肌肉敏活之動作，固可以柔緩之外形成加速之內容，若更加以全體之應合，其功能尤大。

例如拳一向前發勁，同時步亦前進，則是速度如故，而品質加大矣。又凡能全體互應者，常能使若干骨骼之動向成為合力，加於落點，此所以

能重。依穩速重之原則，久習對法，千變萬化，無非順彼之勢，借彼之力。此所以能因。於因之中，我力所加，務求不失其時[9]，不失其處[10]，此所以能準。

五者相須成用，混而為一。功至極精，得心應手。其於運用，可使一羽不能加，四兩撥千斤，非虛言也。

---

❽ 因：憑藉；根據。根據對方勁路的變化而借他的力制伏他。

❾ 時：時間。

❿ 處：位置。

次論動靜合一

上之所云，皆就健身與搏擊言之也。太極拳之大用，猶不盡於此，何也？為其可以和順血氣，使形神交暢也。自昔儒者立教，實以禮樂為基。禮以範其外，樂以養其內。範其外則有威儀之節，養其內則有和平之音。要其精義所在，無非使身常莊敬，則神不昏懈。心常恬愉，則情無乖戾耳。

太極拳措身中正，於日常行動之中，養成莊敬之度，此即禮之義也。調適呼吸，使志慮不紛，中心恬愉，此即樂之義也。至如佛家借宴坐[11]修成智慧，宋儒借宴坐收攝身心，無非外取正肅形體，內以靜其念慮。然其為術，過於枯寂。入手之時，似易實難。且血氣未調，心意未馴，而徒強制其身，則雜念叢生，百慮紛至，是乃所謂坐馳也。外靜內紛，則形拘神瘁，故有以習靜致疾者。

惟太極拳法，外動內靜，血氣能調，且有競技之術鼓人興會，故可引而致之身心交修之域，而不落枯寂，不由強制也。洎乎習熟融洽，自能外內相得，動靜合一。禮樂之意，寓於中矣。世有習宴坐而不契，宜可假道於此。若有因宴坐而生疾者，又可借此相調劑也。

⓫ 宴坐：靜坐。「宴」作「安閒」解。

練法論

姿勢

一切拳技之練法，不外演架及對角二途，其基本功夫則在於姿勢。今言太極拳練法，宜先詮明姿勢，次及拳架打手。

太極拳之姿勢，武禹襄曾以身法十目總括之。

身法十目者：

一、提頂。

二、攝尻（原名吊襠）。

三、鬆肩。

四、沉肘。

五、含胸。
六、拔背。
七、斂脇。
八、裹胯（斂脇原名護肫，裹胯原名裹襠）。
九、騰挪。
十、閃戰。
提頂者，頦（頤下為頦）略內收，頂心與會陰（在前後陰竅之間）常成直線。
攝尻者，臀向內收，小腹取上翻之勢。
鬆肩者，肩常有下沉之意。
沉肘者，肘尖常向下，臂不挺直（形意門稱沉肩、垂肘義與鬆肩、沉肘同）。
含胸者，將左右鎖骨及胸骨常使下降，兩肩微有前合之意，胸部不向

前突。

拔背者，將脊肌背肌微伸，使脊椎穹處略有拔起之意。

斂脇者，兩脇微取下收前合之勢。

裹胯者，兩股之間取內穹之勢。

騰挪者，兩足分清虛實，常使一足支柱全體（實步），而使一足準備進退轉換（虛步）。

閃戰者，於每一動作練成全體之協調，及隨意之運用。

頭為一身之主宰，有提頂之姿勢，乃可使全身中正。又提頂、拔背、攝尻三姿勢可使項脊背各肌，為適當之伸長，與前身含胸、斂脇之姿勢相協調。而攝尻一姿勢，又可使股與骨盆相接之處易於運轉，且與裹胯一勢相協調。則於上體之迴旋，至為便利。由含胸、斂脇兩姿勢，則肋間肌、胸大肌、前鋸肌、腹肌常為適度之收縮，使肺臟之呼吸，可以調暢而不致疲勞。

故當運動之時，呼吸亦毫不急促。由鬆肩之姿勢，則三角肌及肩關節皆無極度之伸縮，致成滯性之用力。而胸大肌與背闊肌（即背肌）於運動時亦不致受肩部之牽掣，累及全體之敏活。由沉肘之姿勢，則肱二頭肌（為屈臂之動作者）、三頭肌（為伸臂之動作者）皆無滯性之伸縮，而肘腕指之各關節皆得屈伸靈敏矣。常人演拳喜用兩手之力，乃將力量集於肩肘，出手即成僵滯，且牽掣胸背肌肉皆不敏活，又易震動腦部，皆由不知鬆肩、沉肘故也。由裹胯之姿勢，可使全身之重心下降，又可使兩下肢之肌肉與關節運動靈活。

以上八種姿勢，皆有相互之關係。有一勢不合，則應用於技擊，其功效必至減損。至於騰挪、閃戰，則動作之規律也。習熟騰挪，乃能為不斷之運行。習熟閃戰，乃能於一時為複合之動作。以此後二運用前八，而太極拳之體用全矣。

又無論演架或角技，口勿緊閉，舌抵上腭，則呼吸皆自鼻中出入。緣

氣自口中呼吸，易將塵埃病菌及冷空氣吸入。口若緊閉，則神經太覺緊張，將影響肌肉之機敏活動也。

目須常平視，不可常向上視或下視。緣目常上視，則神經過於緊張。常下視，則不能遍照，且使神經感應不敏。故惟平視為得中之道。此身法十目中所未言，亦習拳者所當注意也。

拳架上

拳架非口授不可，以其動作曲折複雜，絕非借圖解可明。圖解縱極詳備，亦只可為已習者之參考，不可使未習者無師自通。且陳氏拳新架，有陳子明所著《陳氏世傳太極拳術》詳之。楊氏拳架，有楊澄甫之《太極拳體用全書》詳之。郝氏拳架，郝師月如所著之《太極拳圖說》雖未出版，孫祿堂之《太極拳學》中亦可得其彷彿。

余今只將陳楊郝三家拳架各名式詳而列之，俾習者便於記憶云爾。其與舊譜間有出入者，舊譜略而此特詳也。凡此編所列三家拳架名色，一式不遺矣。

1. 陳氏拳架（共六十三式）

前　段（一、二、三節）

太極起勢　金剛搗碓　懶紮衣　右合式　單鞭　金剛搗碓　白鵝亮翅　摟膝拗步　右收勢　斜行拗步　右收勢　演手紅捶　金剛搗碓

中　段（四、五、六、七、八節）

披身捶　青龍出水　肘底看拳　倒捲肱　白鵝亮翅　摟膝拗步　閃通臂　演手紅捶　懶紮衣　單鞭　雲手　高探馬　左右插腳　回身左蹬一腳　上步青龍戲水　回頭踢二起　懷中抱月　左踢一腳　右蹬一跟　上步演手紅捶　小擒拿　摟膝抱頭推山　單鞭

後　段（九、十、十一、十二、十三節）

前招後招　左收式　野馬分鬃　單鞭　玉女穿梭　懶紮衣　單鞭　雲手　擺腳跌岔　金雞獨立　倒攆肱　白鵝亮翅　摟膝拗步　閃通臂　懶紮衣　單鞭　雲手　高探馬　十字腳　指襠捶　黃龍絞水　單鞭　雀地龍　上步七星　下步跨虎　轉身擺腳　當頭炮

2. 楊氏拳架（共八十六式）

太極起勢　上勢攬雀尾　單鞭　提手上勢　白鶴亮翅　摟膝拗步　手揮琵琶　左右摟膝拗步　手揮琵琶　摟膝拗步　進步搬攔捶　如封似閉　十字手　抱虎歸山　攬雀尾　斜單鞭　肘底看捶　左右倒攆肱　斜飛勢　提手上勢　白鶴亮翅　摟膝拗步　海底針　閃通臂　翻身撇身捶　卸步搬攔捶　進步攬雀尾　單鞭　左右雲手　單鞭　高探馬　左右分腳　轉身蹬腳　左右摟膝拗步　進步栽捶　翻身撇身捶　卸步搬攔捶　右蹬腳　雙風貫耳　披身踢腳　轉身蹬腳　上步搬攔捶　如封似閉　十字手　抱虎歸山

攬雀尾　斜單鞭　野馬分鬃　斜單鞭　上勢攬雀尾　單鞭　玉女穿梭　斜單鞭　上勢攬雀尾　單鞭　左右雲手　單鞭　下勢　左右金雞獨立　左右倒捲肱　斜飛勢　提手上勢　白鶴亮翅　摟膝拗步　海底針　閃通臂　翻身撇身捶　卸步搬攔捶　進步攬雀尾　單鞭　高探馬　穿掌　轉身十字腿　摟膝進步指襠捶　進步攬雀尾　單鞭　下勢　進步七星捶　退步跨虎勢　轉身擺蓮腳　彎弓射虎　上步搬攔捶　如封似閉　十字手　合太極

3. 郝氏拳架（八十六式，分三段）

立正起勢　左懶紮衣　右懶紮衣　單鞭　提手　白鵝亮翅　摟膝拗步　手揮琵琶　摟膝拗步　上步摟膝拗步　手揮琵琶　左右上勢　搬攬捶　如封似閉　抱虎推山　手揮琵琶　懶紮衣　單鞭　提手　肘底看捶　倒捲肱　手揮琵琶　白鵝亮翅　摟膝拗步　手揮琵琶　海底針　閃通臂　單鞭　收步（第一段）

雲手　單鞭　提手　高探馬　左打虎右踢腳　右打虎踢左腳　轉身蹬腳　急步栽捶　披身　左右上步懶紮衣　踢一腳（自披身至此三式或併為二起腳一式）　伏虎　巧捉龍　踢左腳　轉身蹬右腳　上步搬攬捶　如封似閉　抱虎推山　手揮琵琶　懶紮衣　斜單鞭　野馬分鬃　上步懶紮衣單鞭　反提手　玉女穿梭　懶紮衣　單鞭　收步（第二段）

雲手　單鞭　下勢　更雞獨立　倒捲肱　白鵝亮翅　摟膝拗步　手揮琵琶　海底針　閃通臂　懶紮衣　單鞭　收步　雲手　高探馬　對心掌轉身十字腿　摟膝指襠　懶紮衣　單鞭　下勢　上步七星　下步跨虎　轉身十字擺蓮　按勢　彎弓射虎　雙抱捶　手揮琵琶　立正收合（第三段畢）

拳架下

太極拳架勢善矣，吾猶嫌其過繁，且以為連貫演習未若分節演習之易於合度也。因取陳、楊、郝三家拳架，各為編成簡式若干節。練時可分可合，教時可使習者省多記之勞。苟將簡式各節習熟，功效不減於習全部架勢。若專為健身計，尤不須多費腦力，盡習全架。即成學之士，為事牽繫，無暇每一次練畢全架，亦可以此為日常演練之資也。簡式名目如下：

楊家簡式

1. 攬雀尾　單鞭。
2. 提手上勢　白鶴亮翅　海底針　閃銅牌。
3. 手揮琵琶　搬攔捶　如封似閉　十字手。
4. 野馬分鬃。
5. 雲手。
6. 摟膝拗步　倒捲肱。

郝家簡式

1. 左右懶紮衣。
2. 左右上勢。
3. 搬攬捶　如封似閉。
4. 提手　肘底看捶　倒捲肱。
5. 單鞭　雲手。
6. 下勢　更雞獨立。

陳家簡式

1. 金剛搗碓　懶紮衣　右合式　單鞭。
2. 白鵝亮翅　摟膝拗步　閃銅牌。
3. 抱頭推山　披身捶　青龍出水。
4. 右收勢　高探馬　左右插腳　回身左蹬一腳　上步青龍戲水　回

頭踢二起　懷中抱月　左踢一腳　右蹬一跟　上步演手紅捶　小擒拿。

5. 左招右招　左收式　野馬分鬃。

6. 指襠捶　黃龍絞水　單鞭　雀地龍　上步七星　下步跨虎　轉身擺腳　當頭炮

以上十八節，可每節連續複演，可將每六節連成一套順序演練，亦可將各節各勢隨意變換演練。總之，以姿勢為重，動作只為姿勢所寄託，故可任意變通也。

簡式共計為十八節，以著數計之，楊家十四式，郝家九式，陳家三十二式，都五十五式。學者固不必盡學三種，即盡學三種，著數亦較各家原來之架勢簡省多矣。

楊家先求舒鬆其肌肉。其運動多取順勢。舒鬆可化僵滯之習慣（以常人略一作勢，每喜著急用力，故不免於僵滯），順勢則轉動較易摹習也。

郝家先求步下之轉換，及全身各部骨骼之位置與其動作之互相應合，

於技擊之見效為速，而入手時較楊家稍難。

陳家多用低勢及腰腿之迴旋，以練肌肉之柔韌，關節之活動，於技擊之見效亦速，而入手時尤難，且恐習者易於著意用力。

故為一般習拳者計，宜自楊家始。如有於郝陳兩拳架願刻意探研以蘄合度，固不以此限之也。

大抵一家之學，已有所得，餘兩家之理，即不難明，其拳架亦不難習。基本已立，則博學以會其通可也，專一以致其精亦可也。然自古博學詳說，必歸返約。習拳者能深造自得，博涉多門與專精一家，其效無異。以功夫歸究，不能有異也。

凡習拳架，以姿勢合度為要，不以多記名式為貴。姿勢果合，即新定之十五節[12]，已無不足。徒記名式，姿勢不合，縱將陳楊郝三家拳架全部習熟，無益也。分練各節，則習者之精神可專注於姿勢。連演全部，則習者之精神移於記憶動作，不免有買櫝還珠[13]之失。故教授初學，宜自新定之十五節中先練五節，為入手之功。逮其已臻精熟，再練其餘十節。十五節功畢，而太極拳之全體大用具矣。若習熟十五節之後欲更習全架，每家拳架不過二三日可畢。學者初不可貪多，吾言皆出於體驗，非臆記也。凡專為健身計者，固可專用功於拳架，不習打手。即以拳架論，僅練五節足矣，並不須全學十五節。

初學於動作未練熟，肢體未練順，演架時易於疲乏。少覺疲乏，即宜休息片時再練，不可勉強，務極自然。已感疲乏，尚不休息，勉強支撐，易至僵滯。習慣一成，殆難改易，則與太極拳之理法悖矣。

每節拳架，均可連續複演，多寡隨便。其時間則每節以一分鐘演一次，動作即不為急遽。每演兩三節後宜稍休息。如時間寬閑，每日可演二三次，每次一小時或半小時。若有不便，則一日之中，不拘次數，得間即練。每次練十分鐘或二十分鐘，亦甚有益。

太極拳運動和平，吾曾屢次試驗，前數年演畢全部架勢，脈搏須十分

鐘方復常。近二年來則演畢後之脈搏幾與平時無異矣。初學未必能如此，則練十分鐘休息三分鐘即可做事矣。不拘次數之練法，不徒有益於健身，即傾心於技擊者亦易見效。

凡練拳之時宜聚精會神於演練，勿可心存他事。如心中有事未能放下，寧勿演拳。否則因念慮不一或將阻滯氣機，至生疾患。功愈深者受病尤易，不可不慎。

---

⑫ 新定之十五節：徐先生沒有說明。注釋者認為是將前定之十八節刪去三節，即將楊郝陳三家的簡式各刪去一節。

⑬ 買櫝還珠：取捨不恰當。捨棄了寶貴的珍珠，卻買了盛珍珠的匣子（櫝）。據說春秋時楚國人到鄭國去賣珍珠，把珍珠裝在裝飾得很華麗的匣子裏。鄭國人買下匣子，卻把珍珠退還給楚國人。

打手上

打手以原則言，只掤摟擠按採挒肘靠進退顧盼定十三法。由熟習於此十三法，可以應無窮之變。此十三勢以上下相隨為規矩，以沾連黏隨為妙用，以引進落空為準的。

茲釋十三勢之動作如下：

1. 掤

掤者，用單手或雙手為向前向上（兩勁一時兼用）激出之動作。

2. 摟

摟者，把捉之動作。把持敵臂之外邊。故彼使掤時，我乃順勢用摟也。

3. 擠

擠者，將臂橫當胸前擠出。此乃彼用摟時我順勢將身前湊，屈臂成

擠。

4. 按

按者，以一手或雙手向下抑壓。彼用擠時，我乃變摟為按以應之。

以上四種手法為太極打手時之基本法，故打手歌中所舉手法僅此四種。即陳、楊、郝三家初練打手之架勢，亦只用此四種。迨習熟之後乃加採挒肘靠。以採挒肘靠不過為掤摟擠按之變化耳。

5. 採

採者，順彼來勢接取其勁也，此法即摟之變。摟之把捉在臂外邊，採則在內。摟必雙手並用，採則或以單手抓接。

6. 挒

挒者，執彼之手反戾[14]其勢，控其關節，即一處以制其全身也。此著即是擒拿法，亦摟之變。

7. 肘

肘者，用肘撞擊也。此擠之變。

8. 靠

靠者，以肩撞擊也。此擠與掤之變。身進似擠，激出似掤。

以上四種亦為手法。靠用肩擊，乃手法之最短者。

9. 進

進者，進步。

10. 退

退者，退步。

11. 顧

顧者，左顧。

12. 盼

盼者，右盼。

13. 定

定者，中定。

當進退之時，必帶左右迴旋。於進退迴旋能身步應合，則能常保中正之姿勢。能常保中正之姿勢，自身即極安穩，極圓活，而定在其中矣。故前八後五交互相成，後五若舛[15]，徒知前之八法無用也。又定之一字，不惟外形，亦兼內心。心形相因，形常中正，心亦易為寧定也。

上下相隨，即謂進退顧盼定五字悉合也。要在身與步相隨。在進退則須身步相齊，不可先後參差。在迴旋則須腰腿相應，不可稍有牽掣。

沾連黏隨為因應之術，須與彼勁不即不離，順取勁路以施攻取，則制之仆之無不得心應手。此種妙用，必於平日演習打手時留意察勁。能將彼勁來往變轉之方向察之至熟，則用時與人略一接觸，即已心領神會而能隨，即利用其來勁。

引進落空合者，即沾連黏隨之命意所在也。當因應之時，絕不可有空著⓰。非誘之使傾，即迫之使仰。非誘之使欹，即迫之使偏，使彼重心於一轉瞬間有離位下落之勢。能使傾仰偏欹為引進，能使彼之力出難收，引其本身成不穩之勢，為落空。於彼正將顛頓之際，我即略摧動其重心，彼必仆矣。是之為合。動用沾連黏隨必按此準的，出手乃無虛發。

⓮ 戾：音ㄌㄧㄝˋ，通「捩」，意思是「扭轉」。

⓯ 舛：音ㄔㄨㄢˇ，意思是「錯亂」。

⓰ 當因應之時，絕不可有空著：徐先生這一節論述精闢，告訴我們正確地理解「捨己從人」。武派太極拳家李迪生說：「太極拳的藝術，是捨己從人，不要由己。但從人是在其中體測對方缺陷，不是一味盲從，否則是要吃虧的。」與徐先生的見解不謀而合。

打手下

練習打手，陳家分為三種，每種又分兩法。甲、定步，有順步拗步兩法。乙、換步，有單步雙步兩法。丙、活步，有顛步大摟兩法。楊家為定步、換步、活步、大摟。郝家專用活步一法，遇此即為散手。

余以為專用活步法固簡捷，且於練成技擊較易見效。但先不練定步，步下或難穩定，又行動之中察勁難。站定打手察勁較易，故重定練習打手之程式如下：

1. 圈 手

此式兩足站定，彼此將兩手互相接住，只用前推及圈轉，以沾黏不離為度。所以練肩肘腕胸腰膝各關節之聯合動作，為正式打手之準備也。練此式時僅求上述各關節之活動及兩勁接觸時肌肉之舒鬆，掤摟擠按等法合否姑可不問。

2. 定步打手

此式承上式，進而練掤擴等八法。所以必先練圈手者，以關節未活動即講八法，易成拘滯。雖日久習熟，拘滯亦自可去，不如先習圈手較易見功。

3. 活步打手

此式純用郝法。在此式中，十三勢咸可運用。此式練熟，自能應用於技擊，無須更習大擴等矣。

4. 散　手

此為不拘方式之打法。必於活步打手練至精熟之後為之，方能意到法

隨，得心應手。否則將成盲動亂打，徒長暴氣，不能練成不動心之勇氣也。

如有天姿甚高，又得良師益友長期聚處，入手即練活步打手，自是最妙。雖不依上列之程式可也。

正名論

身法十目、十三勢及拳架名稱，其中有未的當者，有名本不誤，後來語音轉變，致成訛謬者，今悉為重定。名正則實易辨也。條說如次：

身法十目中，宜改定者三事：

1. 護肫宜改為斂脅

按《說文》[17]肫之本義為面頯[18]，頯頰即顴[19]也。

又《儀禮・特牲》[20]：「右臂臑肫骼[21]」，則假肫為腨[22]。腨者，《說文》云「腓腸也」。

《素問[23]・至真要大論》注釋：「腨為胻[24]後軟骨。胻者，脛端近膝之處。」是腨即膝彎之軟骨也。然則據肫字之訓詁[25]，在人體上有兩處：

一為面部之兩顴。

一為膝後之軟骨。

惟俗謂家禽之胃為肫，如言雞肫鴨肫。是太極拳家以收斂兩脇肋骨為護肫，意謂可內護肝胃之部耳。然肫乃鳥胃，不可以言人胃。藉令借鳥胃之名以表人胃，亦不足以兼表肝臟，於義終不可通。且以護肫為收斂兩脇，義亦迂晦，不如直作斂脇，明且覈[26]也？

---

⑰《說文》：《說文解字》的簡稱，文字學書。東漢許慎撰。收字九千三百五十三。是我國第一部字書。

⑱ 頯：音ㄎㄨㄟˊ，頰骨。

⑲ 顴：音ㄑㄩㄢˊ，顴，與頯同義。

⑳ 《儀禮・特牲》：《儀禮》是儒家經典之一，是春秋、戰國時代一部分禮制的彙編，全書共十七篇。《特牲》的全稱是《特牲饋食禮》，是其中的一篇。

㉑ 右臂臑肫骼：右臂臑是供祭祀用的牲畜的前肢。臑：音ㄋㄠˋ。肩下謂之臂，臂下謂之臑。肫：音ㄓㄨㄣ。骼（今作胳）音ㄍㄜ。肫、胳是牲畜後肢的兩個部分。

㉒ 腨：音ㄓㄨㄢˋ。有兩義：一為腓腸（即小腿肚）；二為脛（音ㄐㄧㄥˋ，即小腿）。

㉓ 《素問》：我國醫學最重要的經典著作之一，包含於《黃帝內經》之中。它共有八十一篇。《至真要大論》是其中的一篇。

㉔ 骱：音ㄧㄥˊ，腳脛。

㉕ 訓詁：解釋古書中詞句的意義。分開來講，用通俗的話來解釋詞義叫「訓」，用當代的話來解釋古代的詞語叫「詁」。

㉖ 覈：音ㄏㄜ，意思是「翔實正確」。今作「核」。

2. 裹襠宜改為裹胯

按裹胯為兩股之間取圓穹內裹之勢。胯，《說文》云「股也」。《廣雅㉗・釋言》「胯，奎㉘也。」則正為兩股之間之義。襠，《玉篇》㉙云「袴襠」。《漢書㉚・外戚傳》：窮袴注：「即今緄㉛襠袴」。是襠以小衣言，不以人體言也。揆諸字義，作裹胯為覈，作裹𦢊尤非。𦢊者，《廣韻》㉜云「耳下池也」。《集韻》㉝云「本作𦢊，耳下垂謂之𦢊。則𦢊不可以為胯明矣。」

㉗《廣雅》：訓詁書。三國魏張揖撰，博採漢代人箋注。

㉘奎：音ㄎㄨㄟˇ，兩大腿之間。

㉙《玉篇》：字書。南朝梁陳之間顧野王撰。三十卷。體例仿《說文解字》；部目稍有增刪。

㉚《漢書》：東漢班固撰。一百篇，分一百二十卷。我國第一部紀傳體斷代史。

㉛緄：音ㄍㄨㄣˇ。帶子。

㉜《廣韻》：韻書。宋陳彭年等奉詔重修。收字二萬六千餘。

㉝《集韻》：韻書。宋丁度等奉詔重修。收字五萬三千五百二十五，比《廣韻》增一倍餘。

3. 吊襠宜改為攝尻㉞

襠以小衣言，不以人體言，上文既言之矣。又吊襠之名亦嫌迂晦。就其姿勢言，乃將臀部內收，小腹取上翻之意。是則只須收攝尾閭，姿勢自合矣。尻者，《說文》云「脽㉟也」。《廣雅·釋親》：「尻，臀也。」故按字義，合諸姿勢而改定之。作吊𦡶尤非，說見上。

㉞ 尻：音ㄎㄠ，古書上指屁股。

㉟ 腓：今作「脽」，音ㄕㄨㄟˊ，意思是「臀部」。

十三勢中宜改定者二事：

1. 掤應作弸

按字書有掤無掤。《說文》：「掤，所以覆矢」，亦與太極拳中用掤字之義不合。掤之為義乃單手或雙手向外激發之勁，則惟弸字引申之義為有當耳。

弸者，《說文》云：「弓強貌」。《廣雅・釋詁一》：「弸，滿也。」今吳語謂將綯物拉直曰弸直，北土方言謂向外激出曰弸，皆由物滿者力必外擴。弓強之貌亦顯激出之力，故有此語。推尋字義，宜為弸矣。

2. 攦應作摟

攦字字書所無，陳氏《打手歌》中字皆作摟。摟，《說文》云：「曳聚也」。《孟子》：「摟其處子。」趙岐注：「牽也。」摟為牽曳，與打手時左右旁挈[36]之作用正合。作攦者。摟之音轉，以不得其本字，乃造攦字當之耳。

拳架中宜改定者二事，異名兼通者亦二事：

1. 倒攆猴、倒捻紅，義不可通，皆緣音轉而訛其字也。作倒捲肱者是也，應改從之。

2. 扇通背、蟾通臂、三甬背，皆音轉之訛，於義難通。作閃銅牌，或作閃通臂者，於義可通，於勢法亦合，應改從之。

此外若攬雀尾本係懶紥衣之音轉。懶紥衣一勢出於太祖長拳，戚繼光之《紀效新書》中已有之。今以攬雀尾一名為楊家所慣用，其義亦尚可通，故兼用之，借表簡勢中楊、郝兩家不同之動作。雲手與運手二義並通，故各發其譜，不盡改歸一律。

太極拳對法，本稱打手，王宗岳舊譜及武禹襄、李亦畬遺著可證也。後人稱述對法或云推手，或云搭手，皆打手之音轉。近人或以較和平之對法為推手，激烈者為打手，非其本義。陳氏作擖[37]手、擠手。

按《說文》：「擖，刮也，撻也」；《集韻》：「折也，架也」；於義皆不貼切。擠則僅為十三勢之一勢，不能總攝全部，故當定以打手之名。

---

[36] 拏：音ㄋㄚˊ，書面語。意思是「牽引」。

[37] 擖：音ㄎㄚ，意思是「用刀子刮」。

決疑論

問：拳術有內外家之別，內家為內功，外家為外功。太極拳為內家，則與張三峰所傳之內家拳似不無淵源。又黃宗羲言：「內家拳以靜制動，犯者應手即仆」，與太極拳之理合。

曹秉仁《寧波府志》述內家拳師張松溪事蹟，言少林僧在酒樓欲試松溪之技，跳躍來蹴，松溪稍側身，舉手送之，其僧如飛丸隕空，墜重樓下，幾斃。其用法似亦與太極拳合。先生謂太極拳與內家拳無涉，於此數端，不能無疑。

答：拳術固有內外功之別。以外形之運動捷速，練關節之敏活；以外物之抗力，練力量之堅強，故謂之外功。以中正之身法，練神經與肌肉之感應；以柔緩之動作，練呼吸與運動之合致，故謂之內功。是內功不專屬張三峰之傳，外功亦不專屬少林拳也。

近世有以內家之名代內功，外家之名代外功，於文義固通（《王征南墓誌銘》云：「少林以拳勇名天下，然主於搏人，人亦得以乘之。有所謂內家者，以靜制動，犯者應手即仆，故別少林為外家。」據此，則內家初非王征南所承傳拳派之專名。不然，則何以云別少林為外家乎？故知內家外家之義，原與今人言內功外功之義約略相當）。但絕不能以此將太極拳之系派強附於張三峰、王宗之系派也。且內功拳術尚有形意、八卦，即今之號稱少林派者，其理法抑或與太極拳相通，可悉混為一派乎？故論理法與論史實，其事各別，不可牽合附會，淆亂不分。若不將太極附會張三峰之傳，僅以內功之義稱太極拳為內家，固無不可。

以上關於師承者。

問：先生嫌太極拳架勢太繁，故刪除重複，更為編定。然則昔人定此架勢，其不厭重複者，亦有由乎？

答：昔人定此架勢，所以有重複架勢者，蓋以此數種架勢尤宜多練，且其編成整套拳架之意，欲習者於運動若干時間後方得休息也。然昔人事少，今人事多；昔人時間充裕，今人時間迫促；昔人練拳多下專功，今人練拳藉作運動；故宜變其固定性而使富有伸縮性。余之重定太極拳架，用意在此。且於教者及學者兩皆便利，於學者尤易得益。此與原有架勢並不衝突，更不謂原有拳架從此可廢也。

今之專重形式者，只知求學全套，不復講求姿勢。不知姿勢正確，習熟數式即有實用。不明其理，全套無益。昔人授太極拳架，全套須年餘方畢，至少亦須百日左右。以不徒記其動作，尤重在取正姿勢也。今人全不顧姿勢，故一套太極，數日亦能學全。與其如此欲速，曷若先就數式之中詳其理法。及既熟於理法，即不遇明師，亦可就知其形式者補習架勢，而以己之所得推而通之也。

問：太極拳一家之傳，何以歧而為三？

答：當由別有心得，稍稍變動舊法耳。

問：專攻一家與兼練三家，功效孰大？

答：初學須先自一家入手，以定其基。已得門徑，兼練三家，可收交互相濟之效，故見功尤速。既臻精純，由博返約，則於一家架勢之中，自能融攝其餘二家之妙用。兼練專練，自可隨意為之，無所拘泥。若於一家拳法，得良師之指授，真積力久，亦能達於精純之域。雖不兼習其餘二家，效亦相同。何者？取徑可異，歸宿不能異也。

學者所重，惟在得師。得遇一家真師，又肯悉心相授，一家即可有成，不必遍及三家。然使得遇三家真師者，自應虛心請益，以收參會之

功，不可存門戶之見，專己㊳而自滿也。

㊳專己：固執己見。《淮南子・主術訓》：「（孔子）作為《春秋》，不道鬼神，不敢專己」。作為意為著述。

問：學者如能專心勤習，又得良師之指授，須若干時日可臻通悟？

答：此亦難言，觀學者之資稟何如耳。大約中等天資須一年半至兩年，上等天資勤習五閱月，可臻通悟。但造詣深至，非八年十年不為功。蓋不經此年限，體中不能柔順圓融也。

問：習太極拳可兼習外功否？

答：外功若循正軌而言，亦須先練全體應合之姿勢，以求穩速；練舒展筋脈，通利關節，以求沉著。此與太極初步功夫無甚區別。惟太極進於此，則將專練柔緩，以和順形氣，寧定心神，馴致㊴感通，隨應當機赴節[40]。外功進於此，則將借外物以練剛猛之勁（剛猛之勁亦自兼柔活，非僵滯之屈伸也）。如抓拿小石球以練指力，玩弄大石球以練臂力，用擰棒以練腕力，用沙袋以練足蹴掌打拳擊指戳，用木錘木杵以排打肢體。

太極拳則不宜練此，亦不須練此。若先具外功，更習太極，既習太極，其原有功夫依然具有。若入手即學太極，果能契會妙旨，何用兼習外功哉。若夫矯屈肢體為離奇之動作，此乃花法。以其徒資觀玩，無當實用也。務練肌肉之發達，以求力大者，無當於實用，與花法同，皆不得為正軌之外功也。按運動之取材，當依年齡及性情為斷。

若年齡在十二、三至二十五、六，其性情好動者，不妨先習外功；其性情較靜者，習太極可也。過二十五六歲始習拳術，即不宜學外功。至於花法，則非在二十歲以前不能學。

成人習拳與職業亦有關係。若以拳術為專業者，可先習外功。若以拳

術為業餘運動，習外功不免過勞，自以內功為優。內功之中尤以太極為善。以其最為平易也。

---

39 馴致：逐漸達到。馴的意思是漸進。

40 當機赴節：摸清對方勁路，抓住時機，用勁恰到好處。

問：拳譜中《打手撒放》有掤業噫咳呼吭呵哈八字，何謂也？

答：此打手時所用呼喝之聲也。聲音之用甚大。日本有所謂氣合術者，能大喝一聲，使人頓失知覺。為催眠術者，能以喝聲令人入於催眠深境。此皆呼喝之大用也。

拳家於發勁之時陡喝一聲，使敵者倏受震驚，神經不能自主，全身肌肉自必漫散。故我勁一發，彼即不能抵抗趨避。形意拳家有雷聲一法，其用正與此同。

在昔拳家於呼喝本極重視，後人以肄習之時頗多不便，故不用耳。然其理不可不知。凡運用呼喝，必使丹田上催，氣似湧出，其聲方得強烈，乃能駭人。此亦須由功夫練就，非可不練自成也。

以上關於演練者。

問：運動能增進體中器官之機能，故能加大全身物質之代謝量，太極拳當然同具此功用。然患肺病者不宜運動，而太極拳亦能治之，何也？

答：太極拳運動柔緩，尤有益於呼吸循環各器官。運動之姿勢舒適，使人不至於疲勞。故雖患肺病者，猶可資以為練養耳。

問：太極拳果能卻病延年否？

答：延年之說，未得確證。若以理論推之，中心常安，性情和平，自可不以喜怒憂鬱內傷其身。無傷身之事，則能盡其天年，不致夭枉。所謂延年者，或如斯也。體中白血球強盛，則病菌侵入即易消滅。各器官皆受

適中之鍛鍊，自能平均發達，常保健康，則在本身無復受病之所。此即卻病之故，可以生理證明之也。

若夫加強受病器官之功能，其他運動亦復能之，要不若太極在本身各部用力平衡，動止適宜，呼吸不迫，尤為有利無弊。故本患心臟衰弱及病肺之人，不宜多勞動者，正可借太極拳以健強其心肺也。

問：太極拳比於歐西之運動術何如？

答：歐西之運動術可分為體操和遊技兩大類。如徒手操、啞鈴操、棍棒操等，此屬於體操類者也。如網球、籃球、足球、擲鐵球、鐵餅、跳高、競走等，此屬於遊技類者也。然無論體操或遊技，其運動之作用不外兩種：

一為筋力加強。

二為動作機敏。

為筋力加強之運動，可使呼吸器循環器及各部分筋骨俱發育充盛，而體中物質代謝作用亦因以促進。為動作機敏之運動，可使筋力作用與中樞神經趨向一致，而全身之筋群筋絡咸能得調諧之活動。大抵習機敏動作，易於輔助發育，使筋力加強，易於鍛鍊體格。

歐美人士當二十歲以下其運動以促進發育為主，鍛鍊體格為輔。過二十歲則以鍛鍊體格為主，而以促進發育為輔。由二十歲以前體中器官尚未完全長成，不宜過施鍛鍊。二十歲以後發育完成，器官強固，故可注重鍛鍊也。

然體操失在簡單而枯燥，不易使人有何興味。遊技多失之劇烈，中年以上人多不宜習。惟太極拳以常練即有進步，故興味不竭。以打手可較勝負而又絕無危險，不須用過分之力，故不患劇烈。

更觀太極拳運動之法，全身肌肉弛張得中，至於轉換變化之時，重心常能適中，此則動作機敏之運動也。其練發勁及求足下之穩定，此則加強

筋力之運動也。惟其加強筋力，既非務練大筋群之能力，亦非務練筋簇，專重活動關節，乃將全體筋絡練成互相調協，互相應合之動作，以聽命於意志，而絕不自相牽掣。故每一勢法皆兼有筋力加強與動作機敏之作用，於輔助發育鍛鍊體格無所偏勝。以無所偏勝，故亦無其流弊，故老壯婦孺無不相宜。

以上關於健身者。

問：太極拳可使人心氣和平，故能矯正惡癖，養成中和之美德。然就所聞，固有技術甚高而驕悍固窒者，何也？

答：太極拳固可使人心氣和平，然亦仍須濟以讀書反省之功。彼恃技而不遜，果敢而窒者，皆不學之人也。此等人之技術縱能用之甚精，亦不能造於大而能化之境。蓋其胸中先橫有一勝人之念，安能廓然致虛[41]，寂然不動，感而遂通哉？

程伊川頤[42]《卦傳》云：「動靜節宣[43]以養生也，飲食衣服以養形也，威儀行義以養德也，推己及物以養人也。」習拳者所以裨益於動靜節宣威儀行義。然必合此四語而並有之，乃可使德藝兩崇，身心交益也。

以上關於修養者。

[41] 廓然致虛：心胸開闊，毫無雜念。

[42] 程伊川頤：程頤（一〇三三—一一〇七）是北宋哲學家、教育家。字正叔，學者稱伊川先生。與兄顥同受學於周敦頤，著有《易傳》。

[43] 節宣：指或裁制或布散以調適之，使氣不散漫，不閉塞。

彩色圖解太極武術

1 太極功夫扇

定價220元

2 武當太極劍

定價220元

3 楊式太極劍

定價220元

4 楊式太極刀

定價220元

5 二十四式太極拳+VCD

定價350元

6 三十二式太極劍+VCD

定價350元

7 四十二式太極劍+VCD

定價350元

8 四十二式太極拳+VCD

定價350元

9 楊式十八式太極劍 十六式太極拳

定價350元

10 楊氏二十八式太極拳+VCD

定價350元

11 楊式太極拳四十式+VCD

定價350元

12 陳式太極拳五十六式+VCD

定價350元

13 吳式太極拳五十六式+VCD

定價350元

14 精簡陳式太極拳八式十六式

定價220元

15 精簡吳式太極拳三十六式 拳架・推手

定價220元

16 夕陽美功夫扇

定價220元

17 綜合四十八式太極拳+VCD

定價350元

18 三十二式太極拳 四段

定價220元

19 楊式三十七式太極拳+VCD

定價350元

20 楊氏五十一式太極劍+VCD

定價350元

21 嫡傳楊家太極拳精練二十八式

定價220元

22 嫡傳楊家太極劍五十一式

定價220元

23 嫡傳楊家太極刀十三式

定價220元

健康加油站

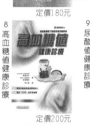

1. 糖尿病預防與治療 定價200元
2. 胃部機能與強健 定價180元
3. 不孕症治療 定價200元
4. 簡易醫學急救法 定價200元
5. 肥胖健康診療 定價200元
6. 肝功能健康診療 定價20
7. 高血壓健康診療 定價200元
8. 高血糖值健康診療 定價200元
9. 尿酸值健康診療 定價200元
10. 膽固醇中性脂肪健康診療 定價200元
11. 痛風劇痛消除法 定價180元
12. 三溫暖健康法 定價18
13. 手．腳病理按摩 定價180元
14. B型肝炎預防與治療 定價180元
15. 吃得更漂亮、健康 定價180元
16. 茶使您更健康 定價180元
17. 圖解常見疾病運動療法 定價180元
18. 科學健身改變亞健康 定價1
19. 簡易萬病自療保健 定價220元
20. 王朝秘藥媚酒 定價180元
21. 立見實效保健操 定價180元
22. 越吃越幸福 定價200元
23. 荷爾蒙與健康 定價180元
24. 越吃越長壽 定價2
25. 自我保健鍛鍊 定價180元
26. 斷食促進健康 定價180元
27. 蔬菜健康法 定價200元
28. 水果健康法 定價200元
29. 越吃越苗條 定價200元
30. 越吃越聰明 定價20
31. 全方位健康藥草 定價200元
32. 人體記憶地圖 定價350元
33. 提升免疫力戰勝癌症 定價280元
34. 腎臟病預防與治療 定價230元
35. 怎樣配吃最健康 定價200元
36. 心臟病腦中風預防與治療 定價180
37. 科學養生細節 定價350元
38. 由人相診斷健康 定價180元
39. 青春期智慧 定價200元
40. 前列腺健康診療 定價200元
41. 下半身鍛鍊法 定價180元
42. 四高健康診療 定價300

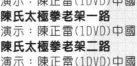

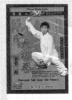

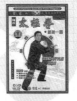

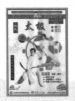

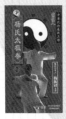

歡迎至本公司購買書籍

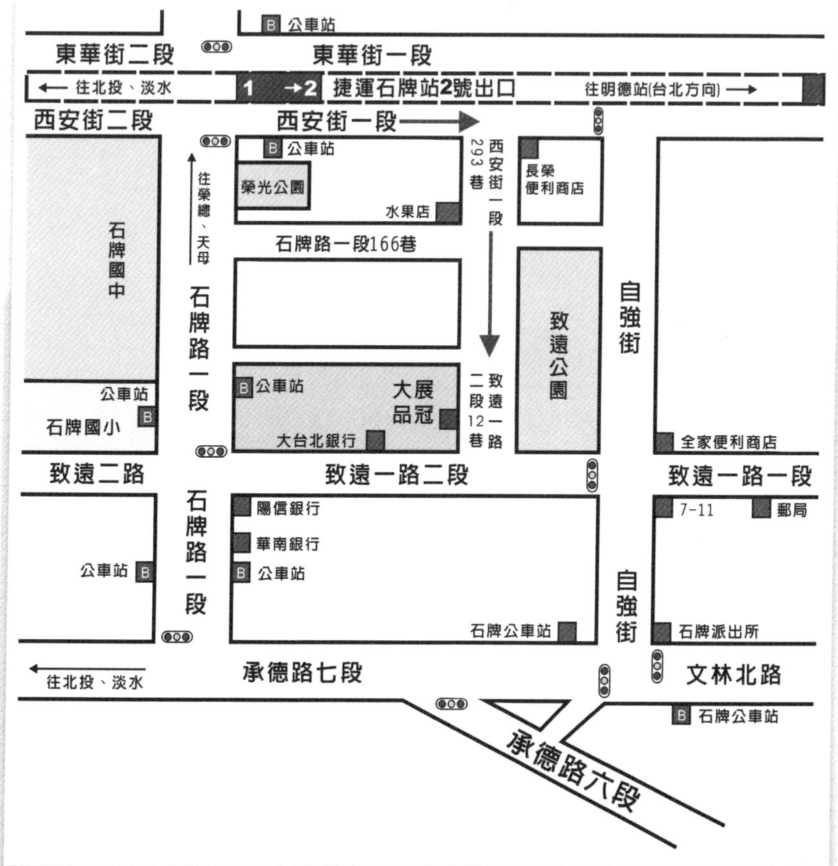

建議路線

1.搭乘捷運・公車

淡水線石牌站下車，由石牌捷運站２號出口出站(出站後靠右邊)，沿著捷運高架往台北方向走(往明德站方向)，其街名為西安街，約走100公尺(勿超過紅綠燈)，由西安街一段293巷進來(巷口有一公車站牌，站名為自強街口)，本公司位於致遠公園對面。搭公車者請於石牌站(石牌派出所)下車，走進自強街，遇致遠路口左轉，右手邊第一條巷子即為本社位置。

2.自行開車或騎車

由承德路接石牌路，看到陽信銀行右轉，此條即為致遠一路二段，在遇到自強街(紅綠燈)前的巷子(致遠公園)左轉，即可看到本公司招牌。

國家圖書館出版品預行編目資料

太極拳譜箋 太極拳發微 太極拳新論／徐震著
——初版，——臺北市，大展，2012〔民101.04〕
面；21公分，——（徐震文叢；2）
ISBN 978-957-468-866-1（平裝）
1.太極拳
528.972　　　　101001847

太極拳譜箋 太極拳發微 太極拳新論

著　　者／徐　　震
責任編輯／王　躍　平
發 行 人／蔡　森　明
出 版 者／大展出版社有限公司
社　　址／台北市北投區（石牌）致遠一路2段12巷1號
電　　話／(02) 28236031・28236033・28233123
傳　　真／(02) 28272069
郵政劃撥／01669551
網　　址／www.dah-jaan.com.tw
E-mail／service@dah-jaan.com.tw
登 記 證／局版臺業字第2171號
承 印 者／傳興印刷有限公司
裝　　訂／建鑫裝訂有限公司
排 版 者／千兵企業有限公司
授 權 者／山西科學技術出版社
初版1刷／2012年（民101年）4月

定　價／200元

大展好書　好書大展
品嘗好書　冠群可期

大展好書　好書大展
品嘗好書　冠群可期